초등학교부터 시작하는 논술
오디세이

1 단계

머리말

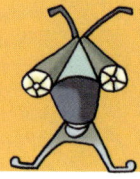

오디세이는 미국 하버드대학 교수들이 중심이 되어 개발한 세계적인 사고력 개발 프로그램입니다. 어린이철학교육연구소는 지금으로부터 8년 전 이 프로그램을 번역하여 한길사를 통해 펴낸 바 있습니다. 그 후 이 프로그램은 전국의 학부모, 교사들로부터 아낌없는 칭송을 받아 왔습니다. 그러나 이 프로그램의 놀라운 성과와는 별도로 한 가지 해결해야 할 문제가 있었는데, 이는 난이도에 따라 단계적으로 구성되지 않았다는 점입니다. 그동안 이 프로그램은 주로 초등학생들이 널리 사용해 왔는데, 이때 부딪히는 문제가 바로 그런 문제였던 것입니다. "오디세이 프로그램은 몇 학년부터 이용해야 좋은가? 저학년도 할 수 있을 것 같아 사서 해 보니 갑자기 너무 어려워 도중에 그만두고 말았다." 등등 주로 단계별 난이도에 관한 문의가 많았습니다. 이에 우리 연구소 연구팀은 이 프로그램을 현장에 투입해 본 실전 경험을 살려, 기초가 되는 1단계부터 시작해서 6단계까지 모두 6권의 책으로 이를 재구성해 다시 펴내게 된 것입니다. 이제는 초등학교 1학년부터 6학년까지 누구나 1단계부터 시작하여 차례차례 가능한 단계까지 이 프로그램에 도전할 수 있게 된 것입니다.

〈오디세이〉의 주인공 오디세우스가 온갖 어려움을 극복하고 마침내 꿈에 그리던 고향집으로 돌아갔듯이, 이 책을 공부하는 학생들도 〈오디세이〉의 생각모험을 통해 고차적 사고력을 얻고 뜻했던 곳으로 나아갈 것을 믿습니다. 이 책은 지난 몇 년간 어린이철학교육연구소에서 공부하는 1학년부터 6학년까지의 어린이들이 실제로 〈오디세이〉 프로그램에 도전하면서 보여 준 놀라운 성취와 함께 그들이 만났던 어려움과 시행착오를 밑거름으로 삼아 심규장 박사가 이를 종합·정리하여 다시 만들었습니다.

처음 〈오디세이〉 프로그램을 함께 연구하고 번역할 때 노력을 아끼지 않은 전영삼, 남철우, 서규선, 임근용, 위향숙, 손재원, 김상준 선생님들의 노고를 잊을 수 없으며, 이번에 새로 책을 만들면서 주도적인 노력을 한 심규장 박사께 깊은 감사를 드립니다. 또한 보다 좋은 책이 될 수 있도록 정성을 다한 소년한길 편집부에도 감사를 드립니다.

2002년 11월 19일
어린이철학교육연구소 소장 박민규

1단계에서 배울 내용

이 책에서는 〈오디세이〉 프로그램의 출발점이 되는 학습을 시작합니다. 앞으로 공부할 내용을 제대로 이해하기 위해서는 1단계에서 기초를 잘 다져야 합니다. 1단계의 전체 내용은 아래와 같이 구성되어 있습니다.

관찰

우리가 세상에 대해 알고 있는 많은 것들은 직접 관찰을 해서 얻어낸 것들입니다. 우리는 보고, 듣고, 맛보고, 냄새 맡고, 만져 보면서 사물들을 파악합니다. 사물이나 도형들의 비슷한 점과 다른 점을 찾아내는 활동을 함으로써, 관찰이 사물의 중요한 특징을 파악하기 위해서 얼마나 중요한 활동인지를 알게 됩니다.

분류

사물들을 공통적으로 가지고 있는 특징들에 따라 분류하는 일은 지식이나 정보들을 체계화할 때 쓰는 중요한 방법입니다. 지식들을 체계적으로 분류하고 정리한다면 더 잘 이해하고 더 쉽게 기억할 수 있을 것입니다. 여기서는 여러 가지 도형과 사물을 관찰하고 비교하여 특정한 차원에 따라 분류하는 활동을 합니다. 이 분류 과정을 통해서 집합의 개념을 쉽게 이해하게 됩니다.

순서 정하기

여기서는 다양하게 변하는 사물이나 도형들 속에서 일정한 규칙을 찾아내는 활동을 하게 됩니다. 규칙을 찾아내고 나면 다음 순서에 무엇이 와야 할지 알아낼 수 있습니다. 찾아낸 규칙을 바탕으로 순서를 정할 수 있는 차원과 그렇지 못한 차원을 구별하고, 그것을 활용하는 방법을 공부하게 됩니다.

차례

머리말 · 2
1단계에서 배울 내용 · 3

I. 관찰과 분류

1. 관찰의 중요성
첫 번째 생각여행　어떻게 알 수 있나요 · 8
두 번째 생각여행　특징 찾아내기 · 10
세 번째 생각여행　잘못된 데 찾아내기 · 13
생각연습 · 20

2. 다른 점 찾기
첫 번째 생각여행　무엇이 서로 다른가 · 22
두 번째 생각여행　'차원'의 뜻 알기 · 24
세 번째 생각여행　차원별로 특징 찾기 · 25
생각연습 · 27

3. 비슷한 점 찾기
첫 번째 생각여행　무엇이 서로 비슷한가 · 30
두 번째 생각여행　상대적으로 비슷한 점 찾기 · 31
세 번째 생각여행　공통된 특징 찾기 · 33
생각연습 · 34

4. 특징에 따라 분류하기
첫 번째 생각여행　중요한 특징 · 36
두 번째 생각여행　모양에 따른 중요한 특징 · 38
세 번째 생각여행　위치에 따른 중요한 특징 · 41
네 번째 생각여행　방향에 따른 중요한 특징 · 44
생각연습 · 47

5. 집합과 분류
첫 번째 생각여행　집합이란 무엇인가 · 54
두 번째 생각여행　집합으로 분류하기 · 56
생각연습 · 60

6. 집합의 원소 찾기
첫 번째 생각여행　집합의 공통된 특징 찾아내기 · 64
두 번째 생각여행　집합의 원소 구별하기 · 68
생각연습 · 70

Ⅱ. 순서 정하기

7. 여러 가지 변화의 규칙
첫 번째 생각여행　조금씩 커지거나 작아지는 변화 · 84
두 번째 생각여행　교대로 바뀌는 변화 · 88
세 번째 생각여행　돌아가면서 바뀌는 변화 · 91
생각연습 · 94

8. 변화의 규칙 찾아내기
첫 번째 생각여행　변화의 연속성 · 98
생각연습 · 106

9. 순서를 정할 수 있는 것과 없는 것
첫 번째 생각여행　순서를 정할 수 있는 것 · 112
두 번째 생각여행　순서대로 놓인 것 비교하기 · 117
생각연습 · 118

10. 순서 정하기와 기억하기
첫 번째 생각여행　순서를 정할 수 있는 차원 · 120
두 번째 생각여행　순서 정하기와 기억하기 · 121
세 번째 생각여행　순서 정하기와 어림잡기 · 122
생각연습 · 124

11. 관점에 따라 달라지는 순서
첫 번째 생각여행　비교하여 순서 정하기 · 126
두 번째 생각여행　비교하여 순서 정하기 연습 1 · 129
세 번째 생각여행　비교하여 순서 정하기 연습 2 · 130
생각연습 · 132

종합연습 · 136

1단계 평가문제 · 140

해답 및 학습지도안 · 152

I. 관찰과 분류

1 관찰의 중요성

▶▶▶ **오늘 생각할 내용**

1. 우리는 어떤 방법으로 여러 사물을 알아볼 수 있을까?
2. 사물들은 각각 어떤 특징을 가지고 있을까?
3. 이상하거나 잘못된 점을 어떻게 찾아낼 수 있을까?

 첫 번째 생각여행 **어떻게 알 수 있나요**

1-1 우리는 다음과 같은 것들을 우리 몸의 어떤 부분을 통해 어떻게 알 수 있을까요?

알고 있는 것	알 수 있는 방법
장미꽃의 향기	
풋고추의 매운맛	
강아지가 짖는 소리	
구름의 하얀 색깔	
돌멩이의 딱딱한 느낌	

1-2 지금 여러분이 가지고 있는 물건이나 주변에서 쉽게 구할 수 있는 물건 중에서 한 가지를 골라 다음과 같은 점을 알아봅시다.

1) 내가 고른 물건:(　　　　　　　)

2)

코로 맡았을 때 냄새는?	
혀로 맛을 본 느낌은?	
그것이 내는 소리는? (흔들리거나 다른 것에 부딪혔을 때 나는 소리는?)	
손으로 만져 본 느낌은?	
색깔은?	

1-3 아래 표의 오른쪽에 있는 내용을 여러분이 직접 관찰하지 않고 알아낼 수 있는 방법에는 어떤 것들이 있을까요?

알아내는 방법	알 수 있는 것
	새 소식, 내일의 날씨 등
	새로운 지식, 재미있는 이야기 등
	여러 교과의 지식, 가르침 등
	생활 규칙, 음식 만들기 등

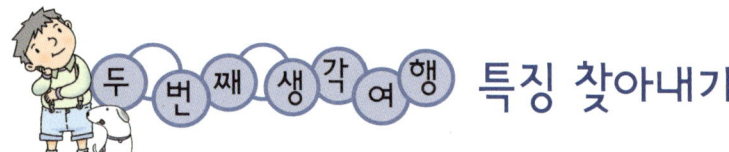 **두 번째 생각여행** 특징 찾아내기

2-1 여러분은 '오리'를 잘 알고 있지요? 그러면 오리에 대해서 설명해 볼 수 있나요?

어떤 것을 잘 설명할 수 있으려면 다음과 같은 세 가지 질문을 해 보면 큰 도움이 됩니다.

> ① 그것은 무엇에 속하는 것인가?
> ② 그것은 무엇을 가지고 있는가?
> ③ 그것은 무엇을 하는가?

1) 여러분이 '직접 관찰'하거나 '간접 관찰'하여 알게 된 사실을 바탕으로 다음 괄호 안에 무엇이 들어갈지 생각하여 봅시다.

① 오리는 (   )에 속한다.
〔보기: 동물, 식물, 사람, 물, 돌〕

② 오리는 (   ) 종류에 속한다.
〔보기: 물고기, 새, 뱀, 벌레〕

③ 오리는 (   )을(를) 가지고 있다.
〔보기: 꼬리, 수염, 날개, 더듬이〕

④ 오리는 (　　　　)을(를) 가지고 있다.

〔보기:부리, 아가미, 촉수, 이빨〕

⑤ 오리는 (　　　　)을(를) 가지고 있다.

〔보기:지느러미, 물갈퀴, 팔, 손가락〕

⑥ 오리는 (　　　) 소리를 내며 운다.

〔보기:멍멍, 꼬꼬댁, 꽥꽥, 꿀꿀〕

⑦ 오리는 (　　　　　　).

〔보기:뛰어다닌다, 헤엄을 친다, 기어다닌다〕

⑧ 오리는 (　　　)을(를) 낳는다.

〔보기:새끼, 알, 씨앗〕

2) 위의 문제에서 생각한 오리의 특징들을 모아서 '오리'에 관하여 설명해 보세요.

2-2 1) 다음 중에서 '비행기'의 특징인 것에는 ○표를, 특징이 아닌 것에 ×표를 해 보세요.

① 사람이 탈 수 있는 것이다. (　)
② 알을 낳는다. (　)
③ 하늘을 날 수 있다. (　)
④ 무척 크다. (　)
⑤ 머리털이 길다. (　)

2) 위에 나와 있지 않은 '비행기'의 특징을 더 말해 보세요.

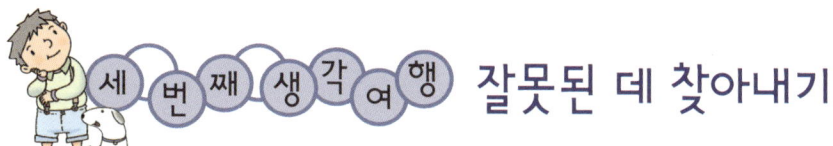 잘못된 데 찾아내기

3-1 다음 그림들을 자세히 관찰해 보고 잘못된 점을 찾아보세요.

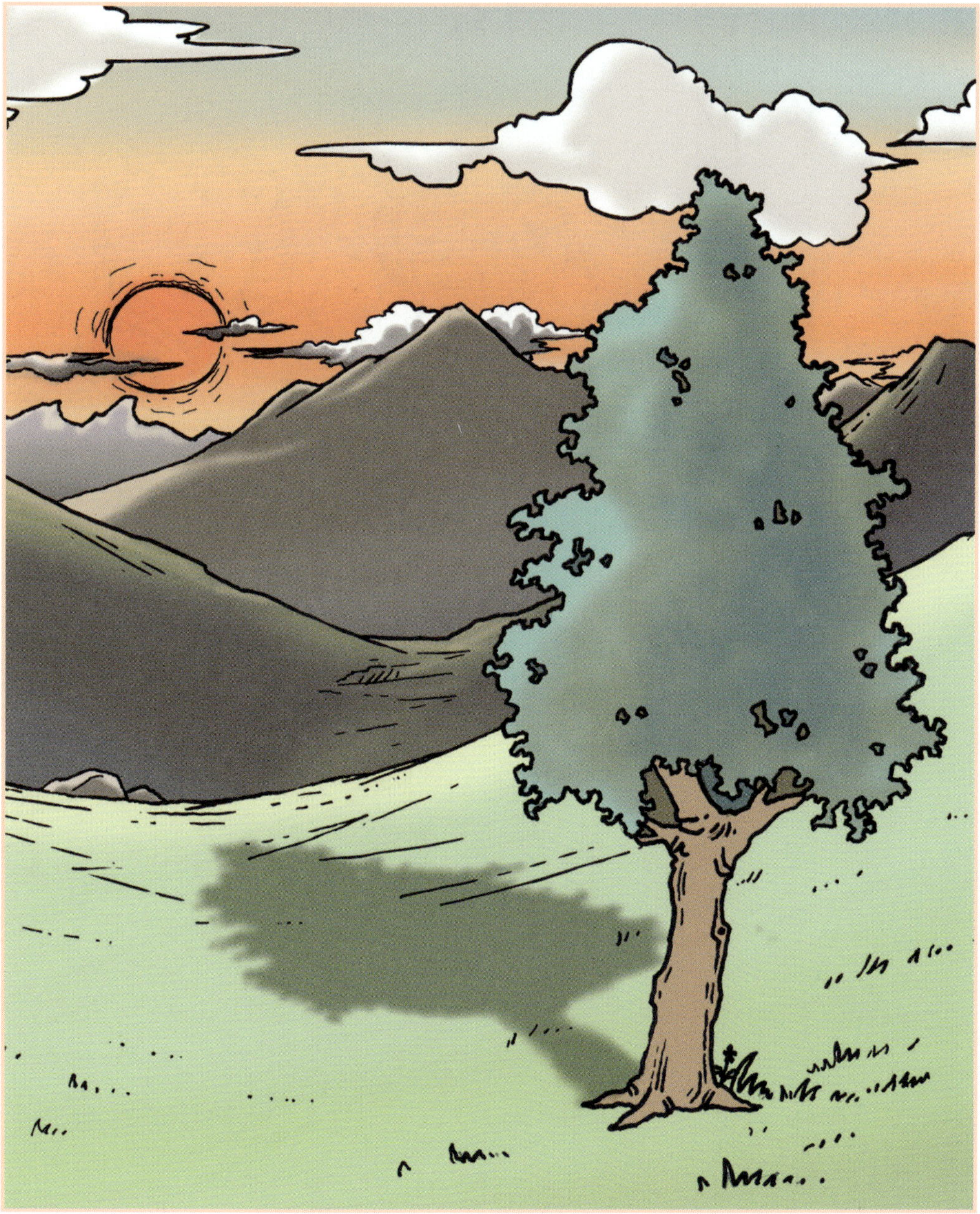

1) 잘못된 점: _____

2) 잘못된 점: _____

3) 잘못된 점: _____

1. 관찰의 중요성

4) 잘못된 점: _____

5) 잘못된 점: _____

6) 잘못된 점: _____

3-2 다음 두 그림을 비교해 보고 달라진 점을 찾아보세요.

7) 달라진 점: ① _____
　　　　　　　② _____
　　　　　　　③ _____

4-1 1) 다음 중에서 '곰 인형'의 특징인 것에는 ○표를, 특징이 아닌 것에 ×표를 해 보세요.

① 사람이 먹을 수 있는 것이다. (　)

② 새끼를 낳는다. (　)

③ 가지고 놀 수 있다. (　)

④ 곰처럼 생겼다. (　)

⑤ 다리가 네 개이다. (　)

2) 위에 나와 있지 않은 '곰 인형'의 특징을 말해 보세요.

2 다른 점 찾기

▶▶▶ **오늘 생각할 내용**

1. 여러 가지 사물을 서로 구별해 주는 특징은 무엇인가?
2. '차원'이란 무엇인가?
3. 여러 가지 사물들이 갖고 있는 특징들은 각각 어떤 차원에 속하는가?

 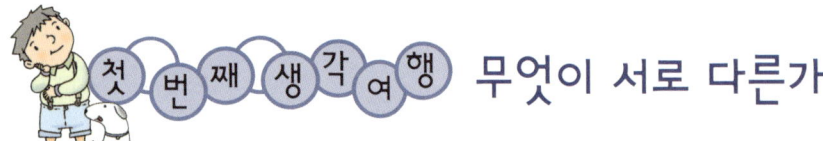 무엇이 서로 다른가

1-1 아래에 있는 두 동물은 상상의 동물입니다. 잘 관찰하고 서로 다른 점을 찾아봅시다.

×××　　　　　　　　　○○○

1) 두 동물이 서로 다른 점은 무엇인가요?

×××	○○○

2) 앞에서 관찰한 두 동물에게 어울리는 이름을 각각 붙여 주세요.

① ×××의 이름 _____

그렇게 붙여 준 이유 _____

② ○○○의 이름 _____

그렇게 붙여 준 이유 _____

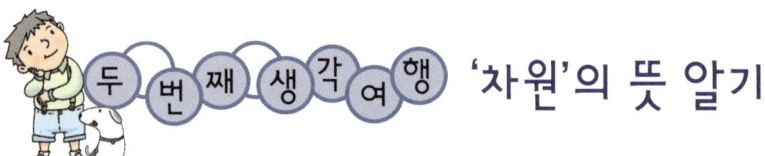 '차원'의 뜻 알기

2-1 첫 번째 생각여행에서 비교한 'ㅇㅇㅇ'와 'ㅇㅇㅇ'의 다른 점을 다시 정리하고 '어떤 점에서 서로 다르다'고 할 수 있는지 생각해 봅시다.

×××의 특징	ㅇㅇㅇ의 특징	서로 다른 점

'차원'이란 무엇일까요?

세 번째 생각여행 차원별로 특징 찾기

3-1 다음에 주어진 두 그림들을 여러 가지 차원에서 서로 비교해 봅시다.

1)

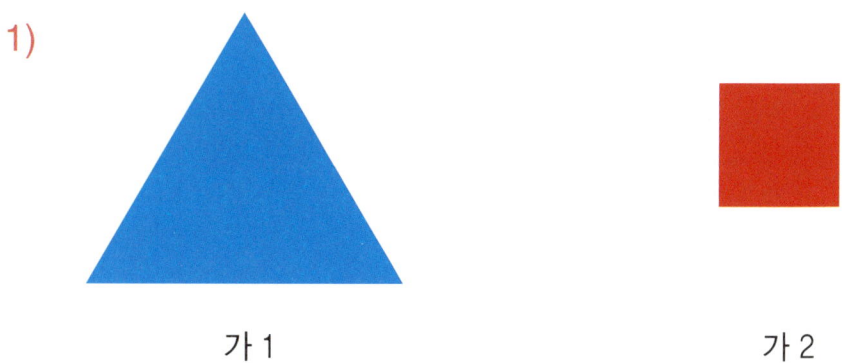

가 1   가 2

차원	가 1의 특징	가 2의 특징
모양		
크기		
색깔		

2. 다른 점 찾기

2)

차원	나 1의 특징	나 2의 특징
높이		
색깔		
별의 수		
별의 위치		

3)

차원	다 1의 특징	다 2의 특징
화살의 수		
길이		
화살의 방향		
색깔		

4-1 다음 두 그림을 여러 가지 차원에서 비교해 봅시다.

라 1　　　　　　　　　　라 2

차원	라 1의 특징	라 2의 특징
동물의 종류		
사는 곳		
움직이는 방법		

4-2 다음 두 그림의 특징을 보고 알맞은 차원들을 적어 보세요.

1)

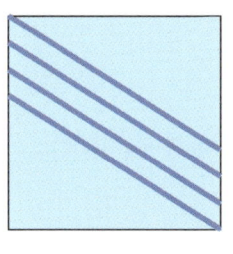 

마 1 　　　　　　　　　　　마 2

차원	마 1의 특징	마 2의 특징
	정사각형(네모)	타원형(동그라미)
	4개	2개
	비스듬한 방향	수평 방향
	가늘다	굵다

2)

바 1 　　　　　　　　　　　바 2

차원	바 1의 특징	바 2의 특징
	남자	여자
	바지	치마
	곱슬머리	곧은 머리
	우울하다	행복하다

3)

사 1 　　　　　사 2

차원	사 1의 특징	사 2의 특징
	여섯 장	다섯 장
	두 장	일곱 장
	둥글다	사각형(네모)
	크다	작다

4)

아 1 　　　　　아 2

차원	아 1의 특징	아 2의 특징
	둘	넷
	벌레	풀
	알	우유
	닭장	목장

2. 다른 점 찾기

3 비슷한 점 찾기

▶▶▶ 오늘 생각할 내용

1. 두 사물이 비슷하다는 것은 무슨 뜻일까?
2. 어떻게 하면 두 사물의 서로 비슷한 점을 잘 찾아낼 수 있을까?

첫 번째 생각여행 무엇이 서로 비슷한가

1-1 다음 그림을 잘 살펴보고 서로 비슷한 점을 찾아봅시다.

은주 　　　 선미 　　　 철호

다음 차원에 따라서 가장 비슷한 두 사람의 이름을 적어 봅시다.

차원	비슷한 사람
키	
옷	
머리 모양	
표정	
남녀 구분	

두 번째 생각여행 상대적으로 비슷한 점 찾기

2-1 다음 내용들을 잘 살펴보고, 서로 비슷한 점을 찾아봅시다. 셋 중에서 서로 가장 비슷한 것 둘을 찾아 동그라미를 하세요.

1) 모양
   ① 배, 사과, 축구공
   ② 의자, 사과, 축구공

2) 크기
   ① 강아지, 쥐, 코끼리
   ② 강아지, 쥐, 고양이

3) 빠르기

　① 달팽이, 승용차, 자전거

　② 버스, 승용차, 자전거

4) 쓰임

　① 연필, 붓, 자

　② 연필, 붓, 볼펜

5) 가격

　① 1,000원 · 1,200원 · 2,000원

　② 1,000원 · 10,000원 · 2,000원

6) 위와 같은 비교를 통해서 새로이 알게 된 점은 무엇입니까?

세 번째 생각 여행: 공통된 특징 찾기

3-1 아래에 세 가지씩 주어진 것들이 어떤 점에서 비슷한지 공통된 특징을 찾아보세요.

1) 연필, 크레용, 분필

2) 보름달, 동전, 호떡

3) 우유, 석유, 콜라

4) 온도계, 시계, 체중계

5) 배추, 상추, 시금치

6) 바구니, 가방, 주머니

7) 밀가루, 설탕, 소금

8) 칼, 가위, 톱

9) 야구, 테니스, 축구

10) 밤, 달걀, 귤

4-1 다음 그림을 잘 살펴보고, 어떤 점에서 서로 비슷한지 공통된 특징을 찾아봅시다.

| 토끼 | 닭 | 소 |

다음 차원에 따라서 가장 비슷한 두 동물의 이름을 적어 보세요.

차원	비슷한 동물
먹이	
울음소리의 크기	
새끼/알	
몸집의 크기	
다리의 수	

4-2 왼쪽에 있는 일을 하기 위해서 사용할 수 있는 물건을 오른쪽에 두 가지 이상 적어 보세요.

하려고 하는 일	필요한 물건
동그라미를 그린다	
압정을 뽑는다	
화장실에 가려는데 화장지가 없다	
꽃다발을 묶는다	
종이를 붙인다	
선을 그으려는데 자가 없다	
달걀을 담는다	
종이를 자른다	
못을 박으려는데 망치가 없다	
바지 허리띠가 끊어졌다	

4-3 아래에 세 가지씩 주어진 것들이 어떤 공통된 특징이 있는지 생각해 보세요.

1) 구두, 운동화, 슬리퍼 _____
2) 사과, 감자, 오렌지 _____
3) 버스, 기차, 비행기 _____
4) 연필, 볼펜, 사인펜 _____
5) 거북, 뱀, 오리 _____

4 특징에 따라 분류하기

▶▶▶ 오늘 생각할 내용

1. 각각의 사물이나 도형의 중요한 특징은 무엇인가?
2. 사물이나 도형들을 특징에 따라서 분류하려면 어떻게 해야 할까?

 **중요한 특징**

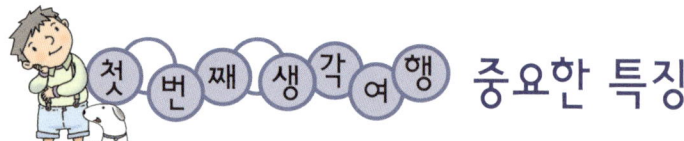

1-1 우리는 어떤 것을 '나무'라고 부르나요? '나무'가 '나무'이기 위해서 가져야 하는 특징은 무엇인가요? '나무'의 중요한 특징을 아는 대로 말해 봅시다.

예) 나무는 뿌리가 있다.

1) 나무는 _____
2) 나무는 _____
3) 나무는 _____
4) 나무는 _____
5) 나무는 _____

1-2 '자전거'가 '자전거'이기 위해서 가져야 하는 특징은 무엇인가요? '자전거'의 중요한 특징을 아는 대로 말해 봅시다.

1) 자전거는 _____
2) 자전거는 _____
3) 자전거는 _____
4) 자전거는 _____
5) 자전거는 _____

두 번째 생각여행: 모양에 따른 중요한 특징

2-1 다음 도형들을 잘 살펴보고 공통된 특징이 무엇인지 생각해 봅시다.

1) 위 4개의 그림들은 어떤 점에서 서로 같은가요?

　① _____

　② _____

2) 위 4개의 그림들은 어떤 점에서 서로 다른가요?

_____

2-2
다음 도형들을 잘 살펴보고 공통된 특징이 무엇인지 생각해 보세요. 그리고 마지막 네모 안에 들어갈 수 있는 도형을 찾아봅시다.

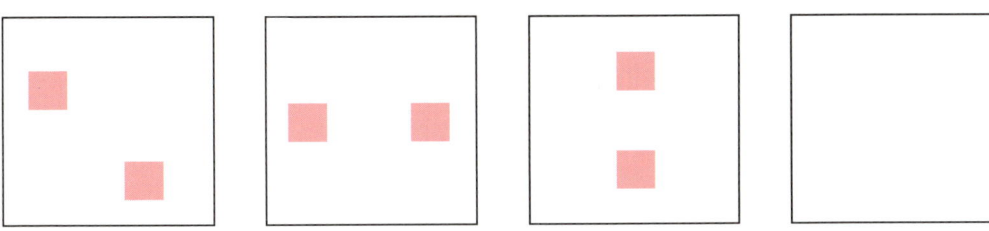

1) 위 3개의 그림들은 어떤 점에서 서로 같은가요?

① _____

② _____

2) 비어 있는 네 번째 네모 안에 들어갈 수 있는 도형은 무엇인가요?

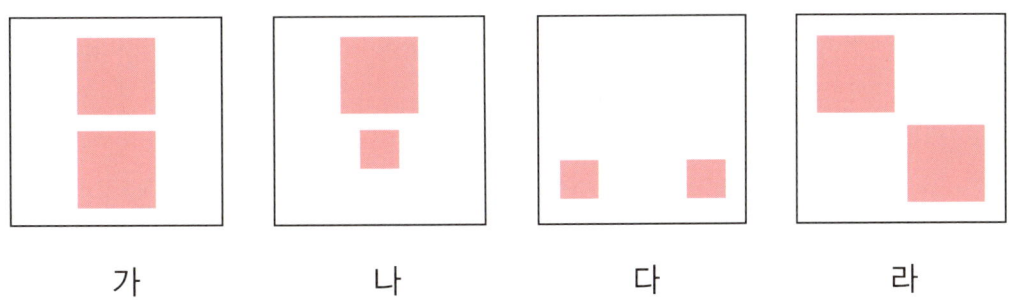

가 　　　　나 　　　　다 　　　　라

2-3
다음 도형들을 잘 살펴보고 공통된 특징이 무엇인지 생각해 보세요. 그리고 마지막 네모 안에 들어갈 수 있는 도형을 찾아봅시다.

1) 위 3개의 그림들은 어떤 점에서 서로 같은가요?

① _____

② _____

2) 비어 있는 네 번째 네모 안에 들어갈 수 있는 도형은 무엇인가요?

 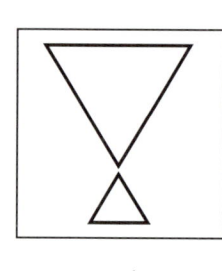  

가   나   다   라

40   Ⅰ. 관찰과 분류

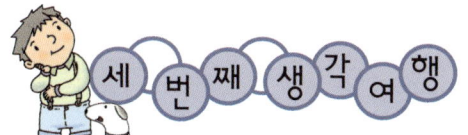 위치에 따른 중요한 특징

3-1 다음 도형들을 잘 살펴보고 공통된 특징이 무엇인지 생각해 봅시다.

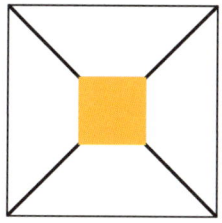   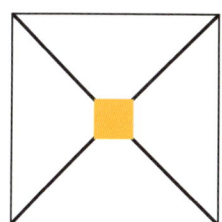

1) 위 4개의 그림들은 어떤 점에서 서로 같은가요?

2) 위 4개의 그림들은 어떤 점에서 서로 다른가요?

3-2
다음 도형들을 잘 살펴보고 공통된 특징이 무엇인지 생각해 보세요. 그리고 마지막 네모 안에 들어갈 수 있는 도형을 찾아봅시다.

1) 위 3개의 그림들은 어떤 점에서 서로 같은가요?

_____

2) 비어 있는 네 번째 네모 안에 들어갈 수 있는 도형은 무엇인가요?

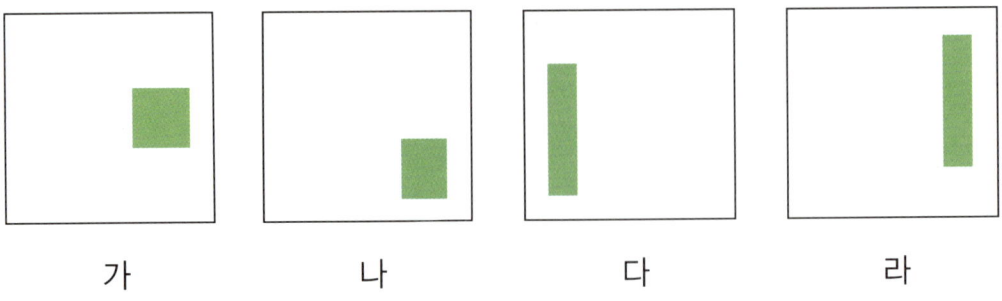

가   나   다   라

3-3

다음 도형들을 잘 살펴보고 공통된 특징이 무엇인지 생각해 보세요. 그리고 마지막 네모 안에 들어갈 수 있는 도형을 찾아봅시다.

1) 위 3개의 그림들은 어떤 점에서 서로 같은가요?

_____

2) 비어 있는 네 번째 네모 안에 들어갈 수 있는 도형은 무엇인가요?

   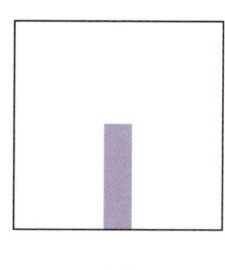

| 가 | 나 | 다 | 라 |

 방향에 따른 중요한 특징

※ 다음 도형들을 잘 살펴보고 다음 물음에 대해 생각해 봅시다.

4-1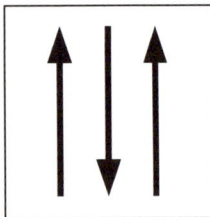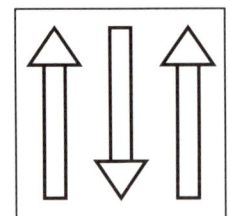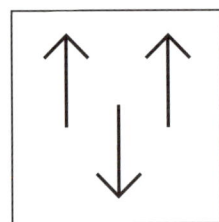

1) 위 4개의 그림들은 어떤 점에서 서로 같은가요?

2) 위 4개의 그림들은 어떤 점에서 서로 다른가요?

4-2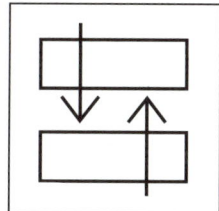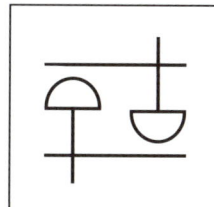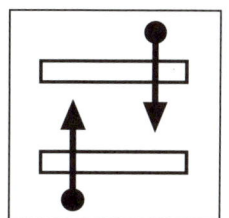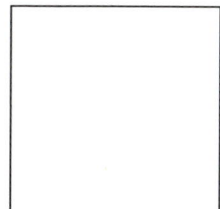

1) 위 3개의 그림들은 어떤 점에서 서로 같은가요?

_____

2) 비어 있는 네 번째 네모 안에 들어갈 수 있는 도형은 무엇인가요?

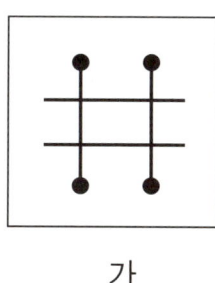 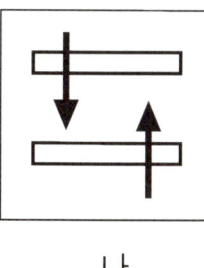 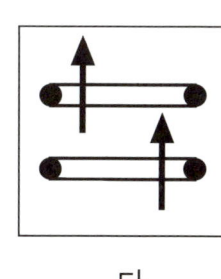 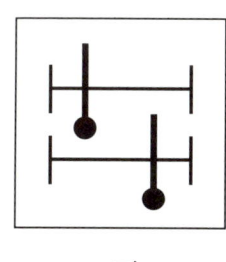

가　　　　　나　　　　　다　　　　　라

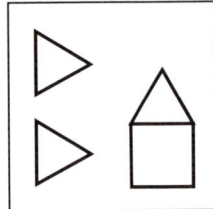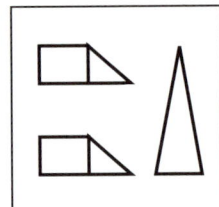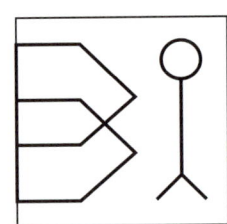

1) 위 3개의 그림들은 어떤 점에서 서로 같은가요?

_____

2) 비어 있는 네 번째 네모 안에 들어갈 수 있는 도형은 무엇인가요?

 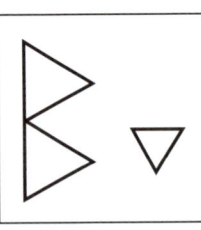 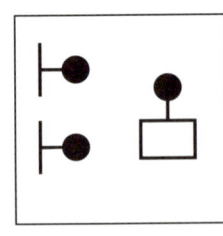 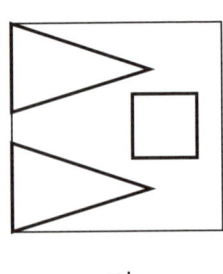

    가   나   다   라

※ 다음 그림들을 잘 살펴보고 공통된 특징이 무엇인지 생각해 보세요. 그리고 마지막 네모 안에 들어갈 수 있는 도형을 찾아봅시다.

5-1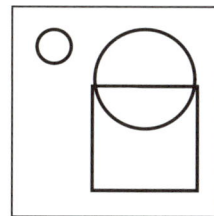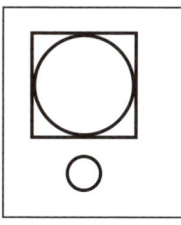

1) 위 3개의 그림들은 어떤 점에서 서로 같은가요?

2) 비어 있는 네 번째 네모 안에 들어갈 수 있는 도형은 무엇인가요?

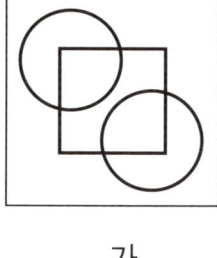 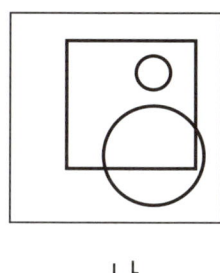 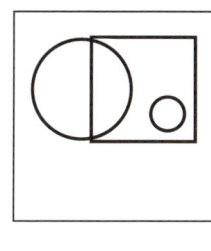 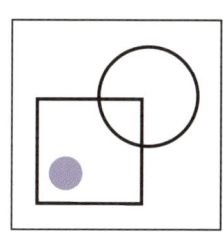

     가   나   다   라

5-2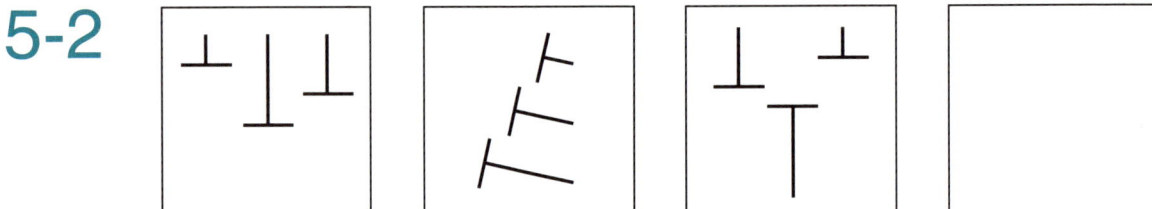

1) 위 3개의 그림들은 어떤 점에서 서로 같은가요?

2) 비어 있는 네 번째 네모 안에 들어갈 수 있는 도형은 무엇인가요?

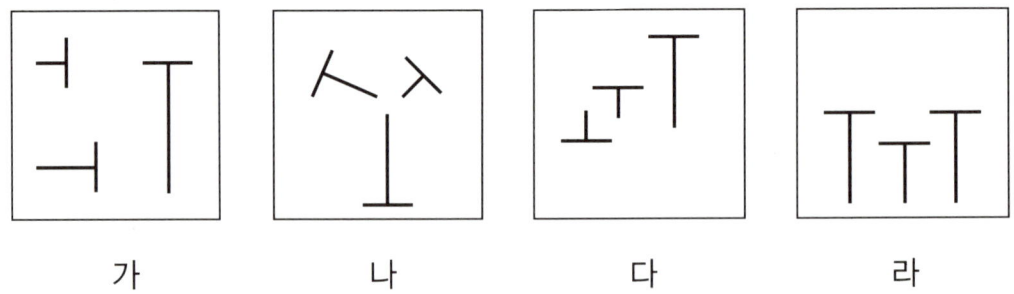

가　　　　나　　　　다　　　　라

5-3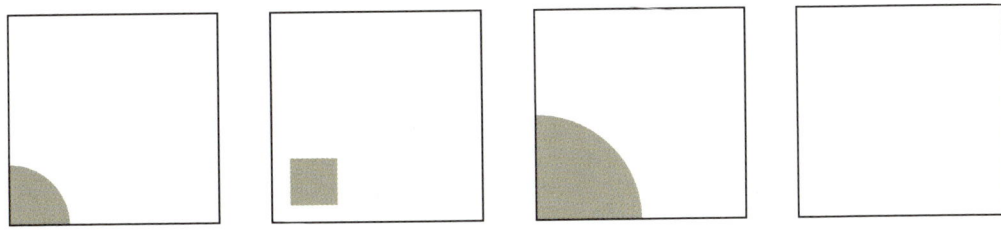

1) 위 3개의 그림들은 어떤 점에서 서로 같은가요?

_____

2) 비어 있는 네 번째 네모 안에 들어갈 수 있는 도형은 무엇인가요?

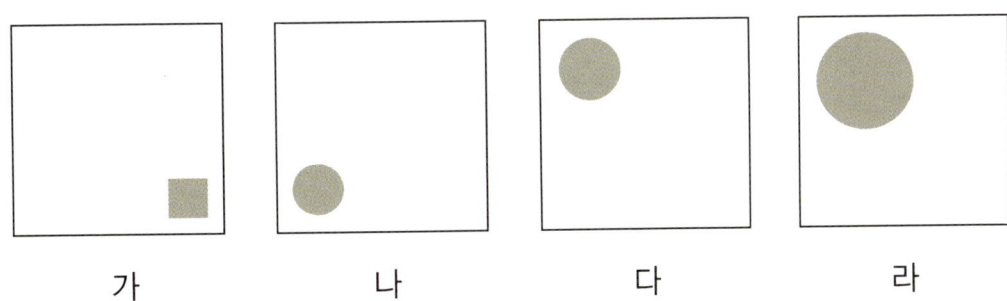

가　　　　　나　　　　　다　　　　　라

4. 특징에 따라 분류하기

5-4

1) 위 3개의 그림들은 어떤 점에서 서로 같은가요?

2) 비어 있는 네 번째 네모 안에 들어갈 수 있는 도형을 그려 봅시다.

5-5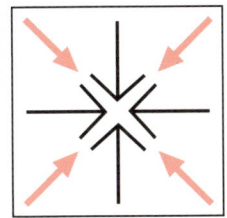

1) 위 3개의 그림들은 어떤 점에서 서로 같은가요?

2) 비어 있는 네 번째 네모 안에 들어갈 수 있는 도형은 무엇인가요?

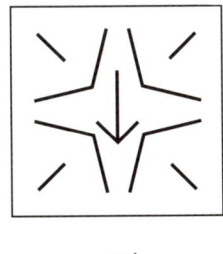 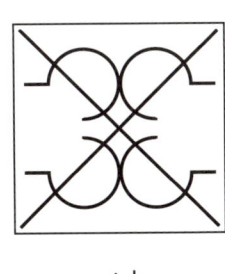  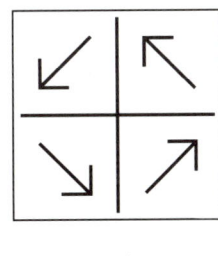

가   나   다   라

5-6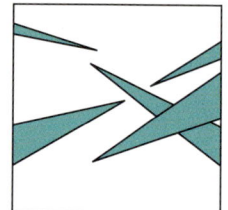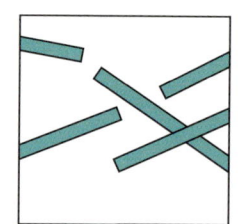

1) 위 3개의 그림들은 어떤 점에서 서로 같은가요?

2) 비어 있는 네 번째 네모 안에 들어갈 수 있는 도형은 무엇인가요?

 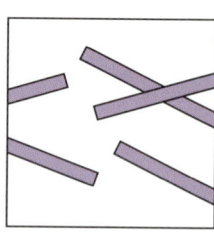 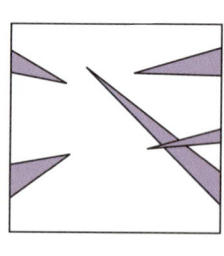 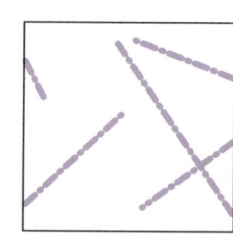

　　가　　　　　나　　　　　다　　　　　라

　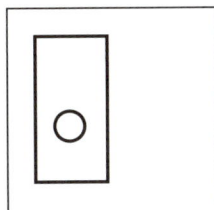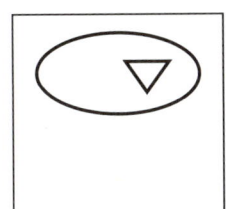

1) 위 3개의 그림들은 어떤 점에서 서로 같은가요?

_____

2) 비어 있는 네 번째 네모 안에 들어갈 수 있는 도형은 무엇인가요?

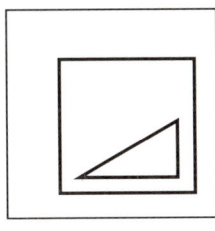 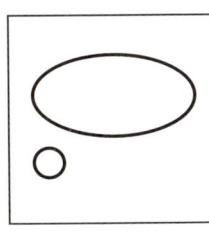 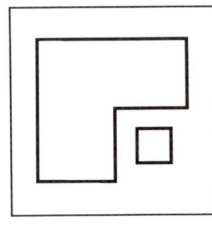 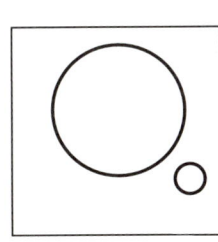

　　가　　　　　　나　　　　　　다　　　　　　라

5 집합과 분류

▶▶▶오늘 생각할 내용

1. 사물이나 도형들을 집합으로 분류하려면 어떻게 해야 할까?
2. 집합이란 무엇인가?
3. 주어진 집합에 속하는 것들을 어떻게 찾아낼 수 있을까?

 집합이란 무엇인가

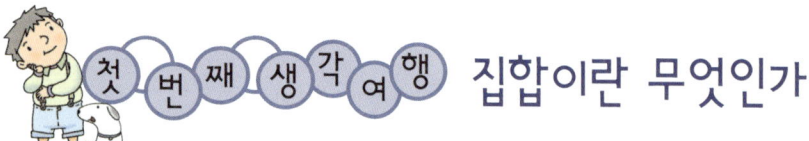

1-1 다음에 주어진 것들의 공통된 특징은 무엇인가요? 그리고 그런 특징을 갖는 것들을 더 찾아봅시다.

1) 양복, 코트, 셔츠, (　　　), (　　　)

　공통된 특징 _____

2) 트라이앵글, 큰북, 피아노, (　　　), (　　　)

　공통된 특징 _____

3) 강아지, 닭, 소, (　　　), (　　　)

　공통된 특징 _____

4) 숟가락, 접시, 컵, (　　　), (　　　)

　공통된 특징 _____

'집합'의 뜻

'집합 원소'의 뜻

두 번째 생각 여행 집합으로 분류하기

2-1 오른쪽 페이지에 있는 도형들을 점선을 따라 가위로 오려서 여러 가지 집합으로 분류해 봅시다.

1) 오려 낸 12장의 카드를 '색깔'의 차원에서 분류해 봅시다. 해당되는 곳에 카드의 번호를 써 보세요.

① 집합 1: 노란색 = {   }

② 집합 2: 빨간색 = {   }

2) 이번에는 오려 낸 12장의 카드를 '크기'의 차원에서 분류해 보세요. 해당되는 곳에 카드의 번호를 써 보세요.

① 집합 1: 큰 것 = {   }

② 집합 2: 작은 것 = {   }

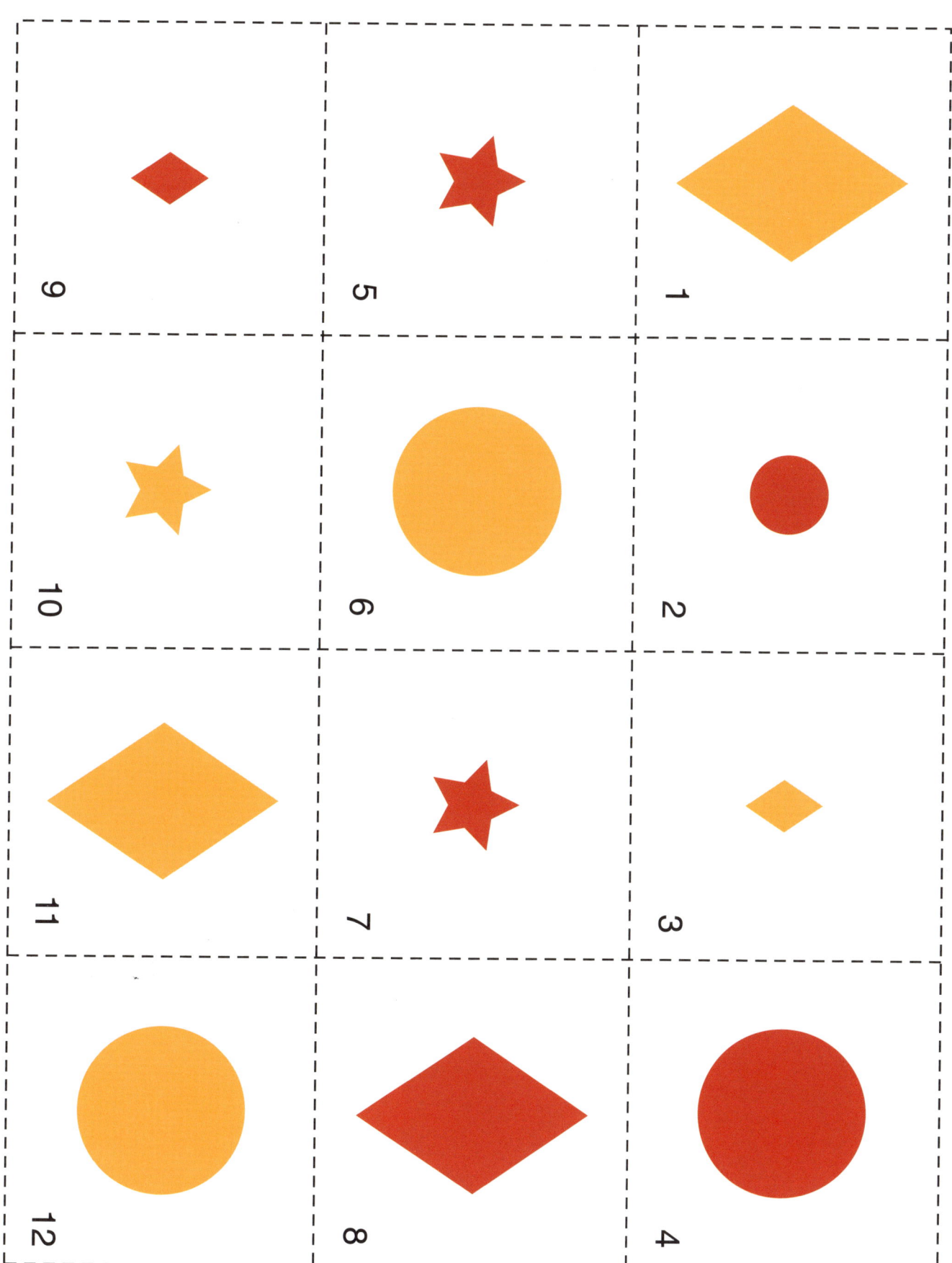

3) 이번에는 오려 낸 12장의 카드를 '모양'의 차원에서 분류해 보세요. 먼저, 각 집합의 이름이 무엇인지 적어 보세요.

① 집합 1: 이름=(　　　　　　　　)
　　　　　원소={　　　　　　　　　}

② 집합 2: 이름=(　　　　　　　　)
　　　　　원소={　　　　　　　　　}

③ 집합 3: 이름=(　　　　　　　　)
　　　　　원소={　　　　　　　　　}

분류의 단계

단계 1: 다른 사물과 구별되는 특징이 속하는 차원 중에서 하나를 선택한다.
단계 2: 선택한 차원에 따라서 각 사물들의 특징을 확인한다.
단계 3: 확인한 사물들의 특징과 일치하는 집합을 정의한다.
단계 4: 사물들을 집합으로 분류한다.

3-1 다음에 있는 것들을 주어진 '차원'에 따라서 분류해 보세요.

1)

> 참새, 사자, 기러기, 까치, 고양이, 앵무새, 말, 곰

① 집합 1: 날아다니는 동물 = {   }

② 집합 2: 땅 위에서 사는 동물 = {   }

2)

> 김치, 양념 치킨, 감자튀김, 불고기, 깍두기, 새우튀김

① 집합 1: 식물성 음식 = {   }

② 집합 2: 동물성 음식 = {   }

3)

사과, 배추, 파, 감, 배, 시금치, 상추, 복숭아

① 집합 1:과일={   }

② 집합 2:채소={   }

4)

아파트, 치마, 감자, 된장찌개, 바지, 기와집
쌀밥, 빌라, 모피코트, 피자, 초가집, 점퍼

① 집합 1:입는 것={   }

② 집합 2:먹는 것={   }

③ 집합 3:사는 곳={   }

3-2 다음에 주어진 것들을 어떤 집합으로, 어떻게 분류할 것인지 생각해 봅시다. 분류할 집합의 이름을 적고, 각각의 집합으로 분류해 보세요.

1)

> 연필, 공책, 크레파스, 색연필, 스케치북, 사인펜, 수첩, 도화지

① 집합 1: _____
{   }

② 집합 2: _____
{   }

2)

> 상어, 버섯, 고구마, 고등어, 포도, 밤, 오징어, 새우, 멸치

① 집합 1: _____
{   }

② 집합 2: _____
{   }

3)

피아노, 찰흙 공작, 바이올린, 야구, 조각, 축구, 첼로
레슬링, 서예, 높이뛰기, 오페라, 배드민턴

① 집합 1: _____
{ 　　　　　　　　　　　　　　 }

② 집합 2: _____
{ 　　　　　　　　　　　　　　 }

③ 집합 3: _____
{ 　　　　　　　　　　　　　　 }

6 집합의 원소 찾기

▶▶▶ 오늘 생각할 내용

어떤 집합의 원소인지 아닌지 구별해 내는 방법은 무엇일까?

집합의 공통된 특징 찾아내기

1-1 다음 중에서 '인간'(사람)의 집합에 대해서 올바르게 말한 것은 어떤 것인지 생각해 봅시다.

1)
① 인간은 빨간 옷을 입고 있다.
② 두 눈을 가진 것은 모두 인간이다.
③ 인간은 말을 할 수 있고 생각을 할 수 있다.

2) 왜 그렇게 생각하는지 이유를 생각해 보세요.

집합의 본질적 특징을 발견하기 위해 확인해야 할 점

1. 그 집합의 모든 원소들이 공통적으로 갖고 있는 특징은 무엇인가?
2. 그 집합의 모든 원소들이 다른 집합의 원소들과 구별되는 특징은 무엇인가?

1-2 다음 도형들을 잘 관찰하고 '레타'의 집합이 무엇인지 생각해 봅시다.

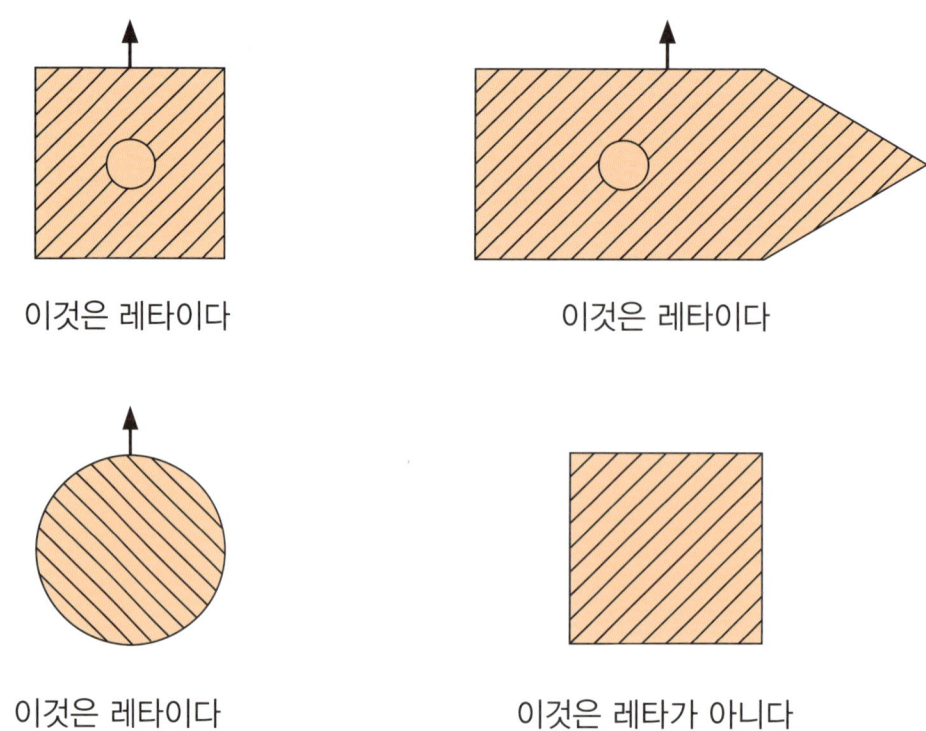

이것은 레타이다 　　　 이것은 레타이다

이것은 레타이다 　　　 이것은 레타가 아니다

1) 레타의 본질적인 특징은 다음 중 무엇인가요?
　① 레타는 안쪽에 동그라미가 있다.
　② 레타는 위쪽에 화살표가 있다.
　③ 레타는 안에 비스듬하게 줄들이 그려져 있다.
　④ 레타는 모양이 네모이다.

2) 다음 도형들은 앞에서 알아본 레타의 집합에 속하는지 생각해 봅시다.

① 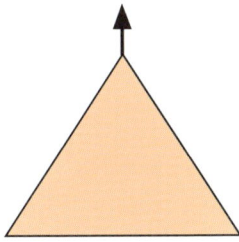 이것은 (레타가 아니다, 레타이다).

그 이유 _____

② 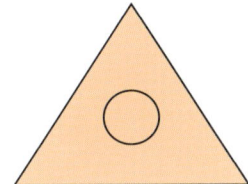 이것은 (레타가 아니다, 레타이다).

그 이유 _____

③ 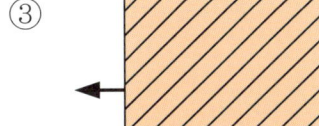 이것은 (레타가 아니다, 레타이다).

그 이유 _____

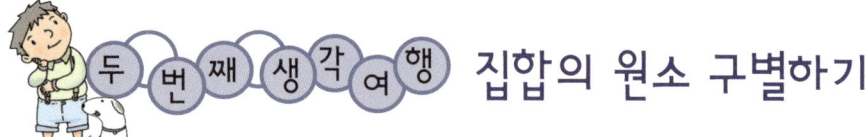 집합의 원소 구별하기

2-1 다음 그림들은 '◇◇◇'라는 집합에 속하는 것과 그것에 속하지 않는 것들입니다. 잘 관찰하고 물음에 답해 봅시다.

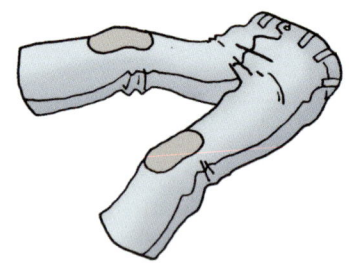

이것은 ◇◇◇이다

이것은 ◇◇◇이다

이것은 ◇◇◇가 아니다

이것은 ◇◇◇가 아니다

이것은 ◇◇◇이다

1) 다음 물음에 답하세요.

　① ◇◇◇의 특징은 무엇인가요?

　② ◇◇◇에게 이름을 붙여 보세요.

2) 다음 그림들은 ◇◇◇라고 할 수 있는지 생각해 봅시다.

①  이것은 (◇◇◇가 아니다, ◇◇◇이다).

② 이것은 (◇◇◇가 아니다, ◇◇◇이다).

③  이것은 (◇◇◇가 아니다, ◇◇◇이다).

3-1 다음 그림들을 살펴보고 'ㅇㅇㅇ'의 특징이 무엇인지 생각해 봅시다.

이것은 ㅇㅇㅇ이다

이것은 ㅇㅇㅇ가 아니다

이것은 ㅇㅇㅇ이다

이것은 ㅇㅇㅇ이다

이것은 ㅇㅇㅇ가 아니다

1) 다음 물음에 답하세요.

① ○○○의 특징은 무엇인가요?

② ○○○에게 이름을 붙여 보세요.

2) 다음 그림들을 ○○○라고 할 수 있는지 생각해 봅시다.

①  이것을 ○○○라고 할 수 있는가?

② 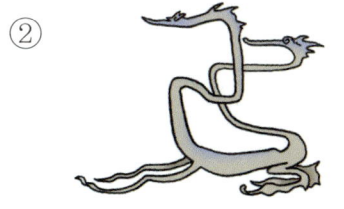 이것을 ○○○라고 할 수 있는가?

③  이것을 ○○○라고 할 수 있는가?

3-2 다음 그림들을 살펴보고 'ㅁㅁㅁ'의 특징이 무엇인지 생각해 봅시다.

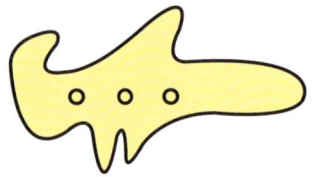

이것은 ㅁㅁㅁ이다

이것은 ㅁㅁㅁ이다

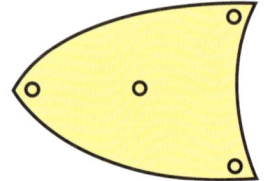

이것은 ㅁㅁㅁ가 아니다

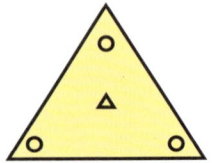

이것은 ㅁㅁㅁ이다

이것은 ㅁㅁㅁ가 아니다

1) 다음 물음에 답하세요.

　① ㅁㅁㅁ의 특징은 무엇인가요?

　② ㅁㅁㅁ에게 이름을 붙여 보세요.

2) 다음 그림들은 ㅁㅁㅁ라고 할 수 있는지 생각해 봅시다.

①  이것은 ㅁㅁㅁ인가?

② 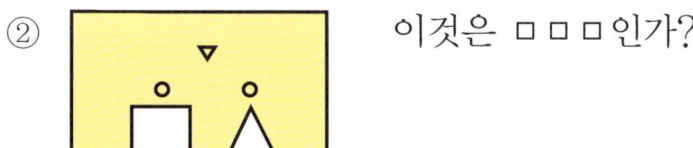 이것은 ㅁㅁㅁ인가?

③ 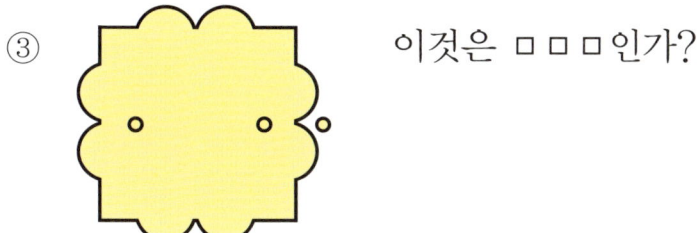 이것은 ㅁㅁㅁ인가?

3-3 다음 그림들을 살펴보고 '곤충'의 특징이 무엇인지 생각해 봅시다.

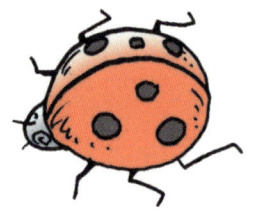

이것은 곤충이다

이것은 곤충이 아니다

이것은 곤충이 아니다

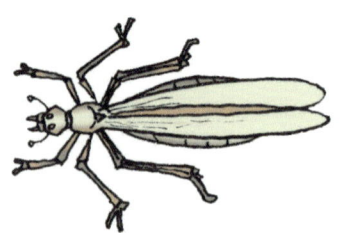

이것은 곤충이다

이것은 곤충이다

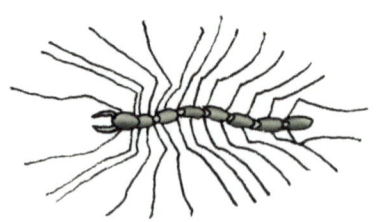

이것은 곤충이 아니다

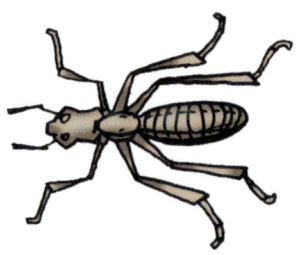

이것은 곤충이다

1) 곤충의 특징은 무엇인가요?

2) 다음 그림을 곤충이라고 할 수 있나요?

①  이것은 곤충인가?

②  이것은 곤충인가?

③  이것은 곤충인가?

3-4 다음 그림들을 살펴보고 '베베니 별에 사는' 외계인의 특징이 무엇인지 생각해 봅시다.

미라는 베베니라는 별에서 왔다

모크는 베베니에 산다

파루크는 베베니에서 숨을 쉬지 못한다

티사는 베베니에서 멸종되었다

자노는 힘센 베베니인이다

야쿠미는 베베니의 왕이다

1) 베베니 별에 사는 외계인의 특징은 무엇인가요?

2) 다음 그림을 보고 질문에 대해 생각해 봅시다.

①  티솔은 베베니에 산다고 할 수 있는가?

②  고골은 베베니인이라고 할 수 있는가?

③ 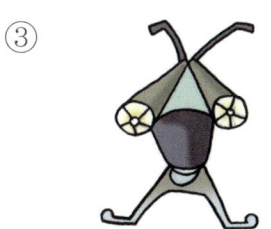 네스파는 베베니에 산다고 할 수 있는가?

④  사쿨은 베베니인이라고 할 수 있는가?

3-5 다음 그림들을 살펴보고 '☆☆☆'의 특징이 무엇인지 생각해 봅시다.

이것은 ☆☆☆이다

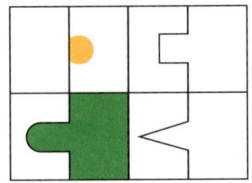

이것은 ☆☆☆가 아니다

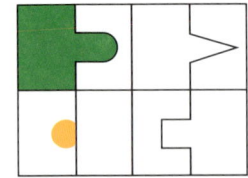

이것은 ☆☆☆가 아니다

이것은 ☆☆☆이다

이것은 ☆☆☆이다

이것은 ☆☆☆가 아니다

이것은 ☆☆☆가 아니다

1) 다음 물음에 답하세요.

　① ☆☆☆의 특징은 무엇인가요?

　② ☆☆☆에게 이름을 붙여 보세요.

2) 다음 그림을 ☆☆☆라고 할 수 있나요?

　① 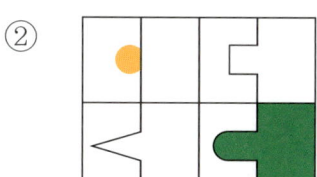　　이것을 ☆☆☆라고 할 수 있는가?

　② 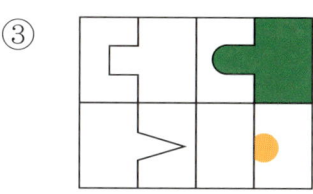　　이것을 ☆☆☆라고 할 수 있는가?

　③ 　　이것을 ☆☆☆라고 할 수 있는가?

3-6 다음 그림들을 살펴보고 '드루프'의 특징이 무엇인지 생각해 봅시다.

이것은 드루프이다

이것은 드루프가 아니다

이것은 드루프이다

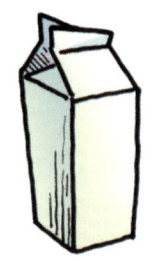

이것은 드루프이다

1) 드루프의 특징은 무엇인가요?

2) 다음 그림을 드루프라고 할 수 있나요?

①  이것을 드루프라고 할 수 있는가?

②  이것을 드루프라고 할 수 있는가?

③  이것을 드루프라고 할 수 있는가?

Ⅱ. 순서 정하기

7 여러 가지 변화의 규칙

▶▶▶ 오늘 생각할 내용

1. 변화에는 어떤 종류가 있을까?
2. 변화의 규칙을 찾아내고, 이어지는 변화를 예측해 보자.

  조금씩 커지거나 작아지는 변화

1-1 7년 전 여러분의 모습을 기억하나요? 그때와 비교해 보면, 지금 여러분은 어떻게 변해 있나요?

7년 전   지금

1) 변한 것들을 생각해 보고 아래에 적어 보세요.

① _____ ② _____

③ _____ ④ _____

2) 우리 주변에서 조금씩 커지는 것을 찾아보고 적어 보세요.

① _____ ② _____

③ _____ ④ _____

3) 우리 주변에서 조금씩 작아지는 것을 찾아서 적어 보세요.

① _____ ② _____

③ _____ ④ _____

1-2 다음 도형들이 어떻게 변화되고 있는지 살펴봅시다.

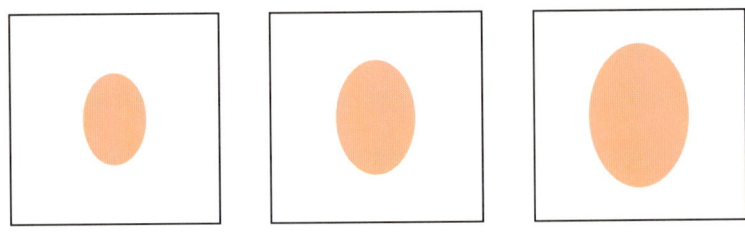

1) 주어진 도형들은 어떻게 변화되고 있나요?

2) 이 변화의 규칙을 따르려면 다음에 어떤 도형이 와야 하나요?

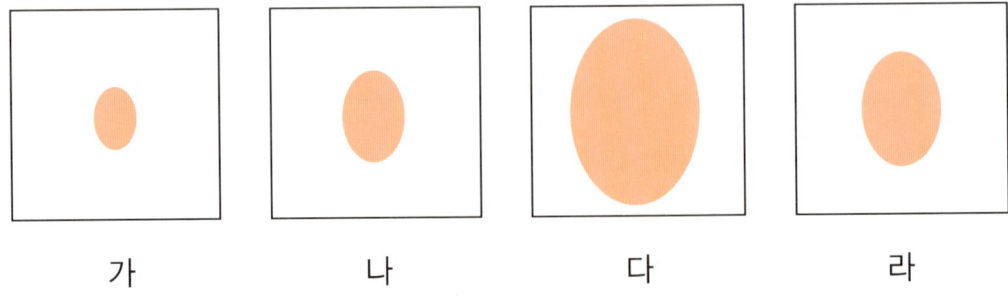

가　　　　　나　　　　　다　　　　　라

1-3 다음 도형들이 어떻게 변화되고 있는지 살펴봅시다.

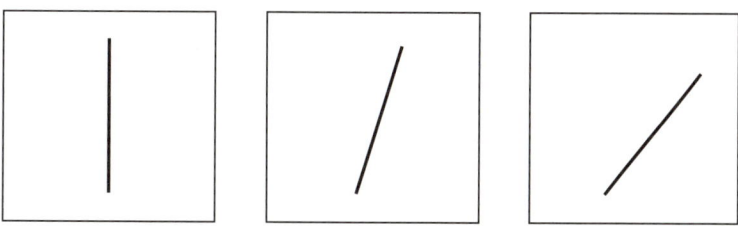

1) 주어진 도형들은 어떻게 변화되고 있나요?

2) 이 변화의 규칙을 따르려면 다음에 어떤 도형이 와야 하나요?

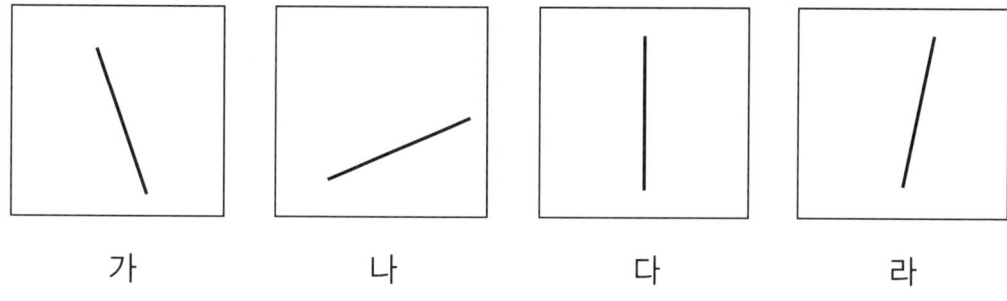

 교대로 바뀌는 변화

2-1 횡단보도에서 신호등은 어떻게 바뀌나요?

1) 이처럼 두 가지가 교대로 계속 바뀌는 것을 찾아서 적어 보세요.

① _____
② _____
③ _____
④ _____

2-2 다음 도형들이 어떻게 변화되고 있는지 살펴봅시다.

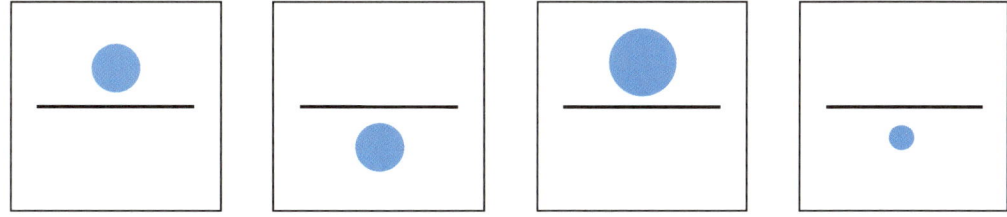

1) 주어진 도형들은 어떻게 변화되고 있나요?

2) 이 변화의 규칙을 따르려면 다음에 어떤 도형이 와야 하나요?

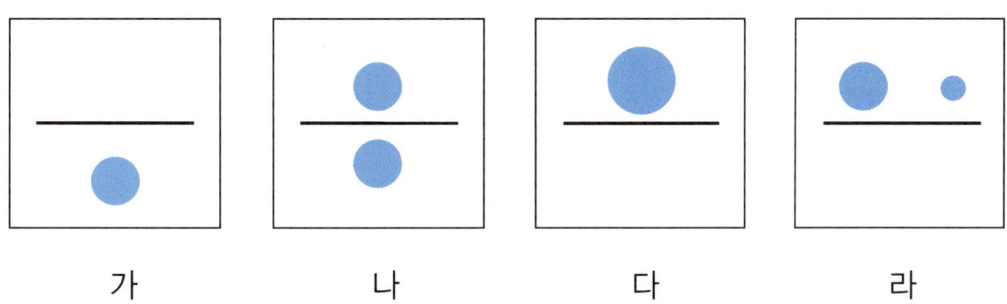

가　　　　　나　　　　　다　　　　　라

2-3 다음 도형들이 어떻게 변화되고 있는지 살펴봅시다.

1) 주어진 도형들은 어떻게 변화되고 있나요?

2) 이 변화의 규칙을 따르려면 다음에 어떤 도형이 와야 하나요?

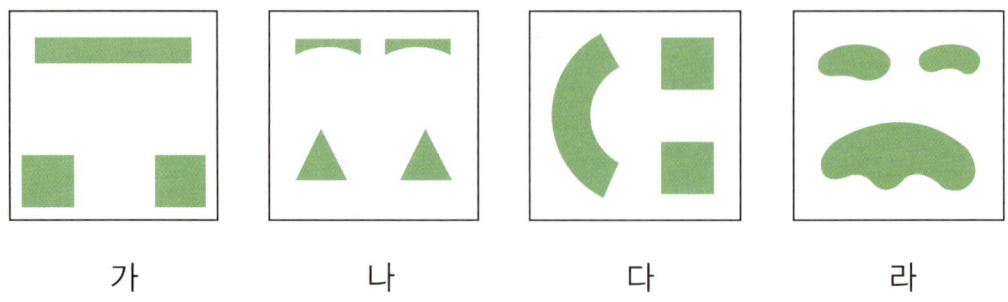

가   나   다   라

세번째생각여행 돌아가면서 바뀌는 변화

3-1 여러분은 시계의 바늘들이 움직여 가는 방향을 알고 있지요?

1) 이처럼 한 바퀴 변화를 한 다음, 원래의 위치로 돌아가서 다시 같은 변화를 반복하는 것에는 어떤 것들이 있을까요?

① _____
② _____
③ _____
④ _____

3-2 다음 도형들이 어떻게 변화되고 있는지 살펴봅시다.

1) 주어진 도형들은 어떻게 변화되고 있나요?

2) 이 변화의 규칙을 따르려면 다음에 어떤 도형이 와야 하나요?

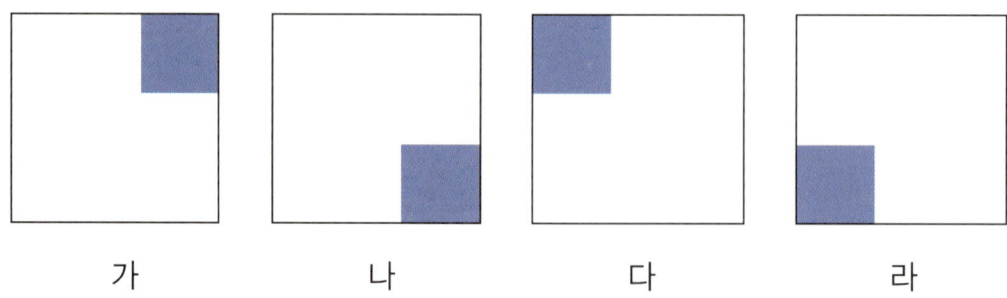

가　　　　　나　　　　　다　　　　　라

3-3 다음 도형들이 어떻게 변화되고 있는지 살펴봅시다.

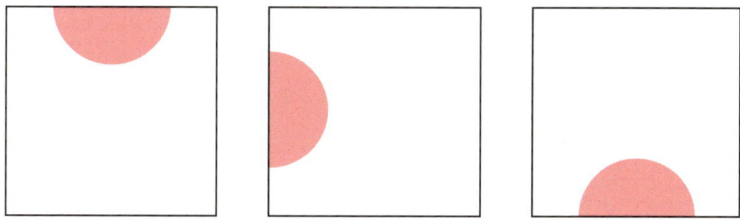

1) 주어진 도형들은 어떻게 변화되고 있나요?

2) 이 변화의 규칙을 따르려면 다음에 어떤 도형이 와야 하나요?

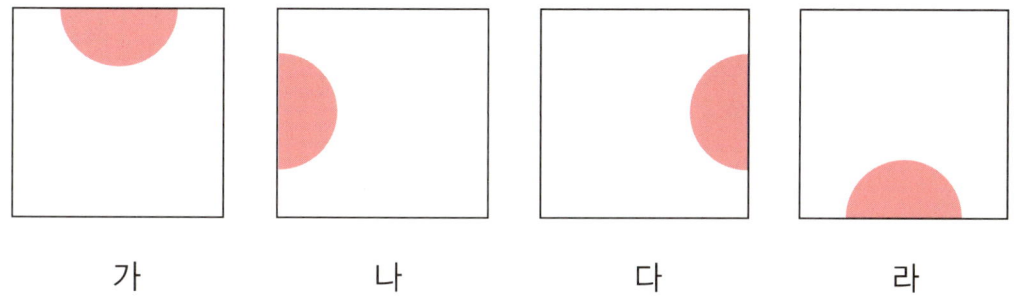

가　　　　나　　　　다　　　　라

※ 다음 도형들이 어떻게 변화되고 있는지 살펴보고, 다음에 어떤 도형이 와야 할지 생각해 봅시다.

4-1

1)

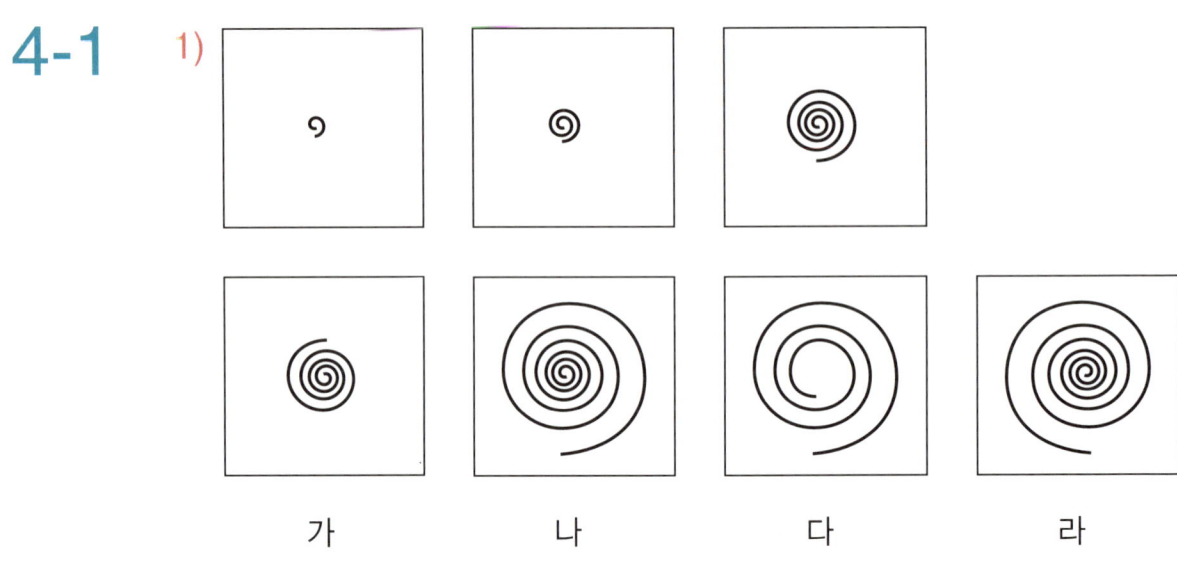

가　　　나　　　다　　　라

2)

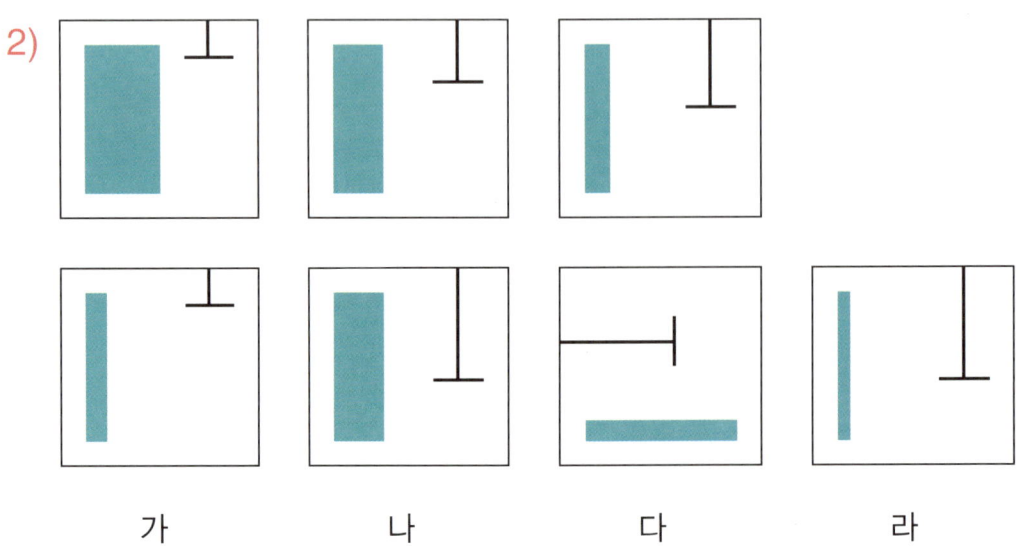

가　　　나　　　다　　　라

4-2 1)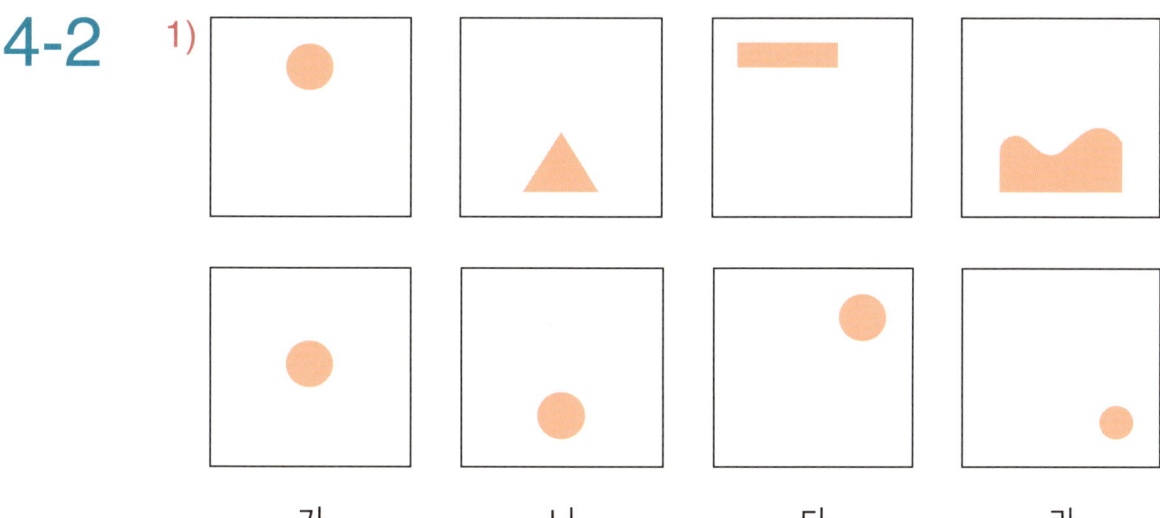

가　　　　나　　　　다　　　　라

2)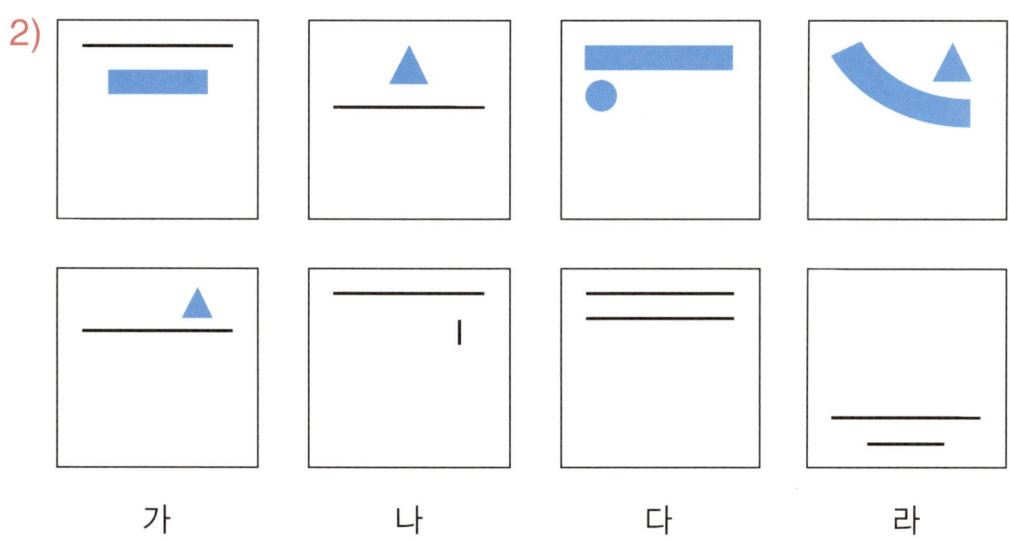

가　　　　나　　　　다　　　　라

4-3 1)

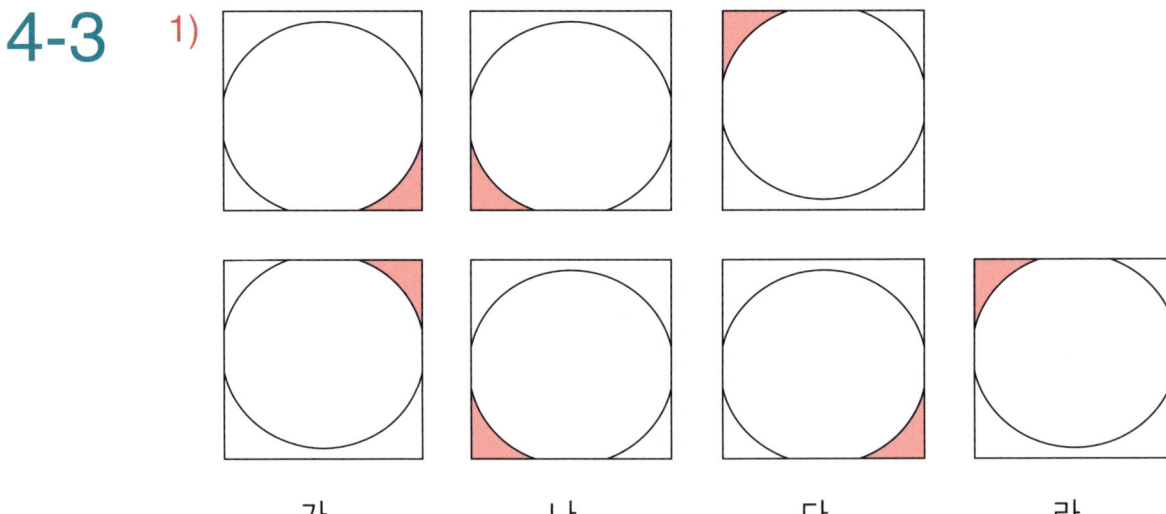

가 　　　 나 　　　 다 　　　 라

2)

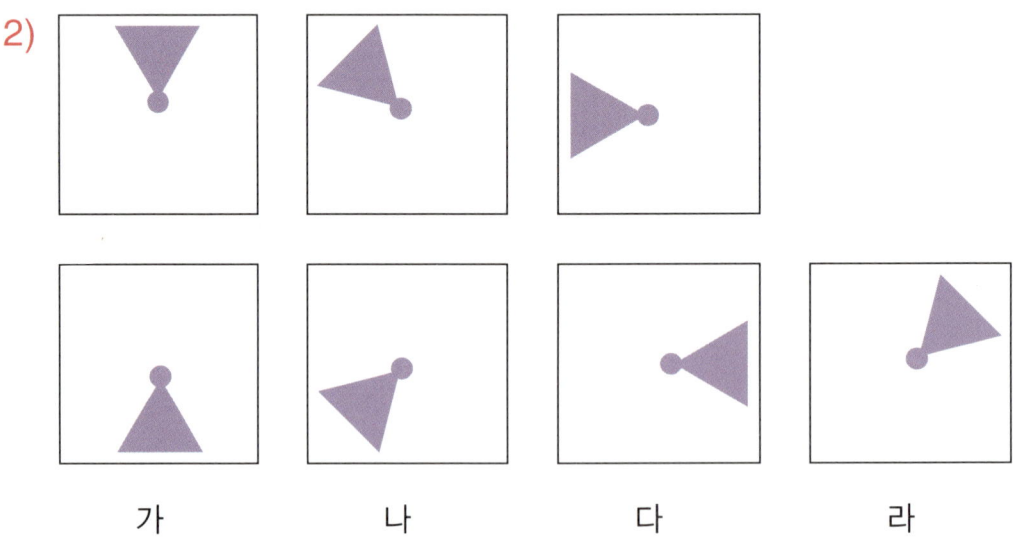

가 　　　 나 　　　 다 　　　 라

4-4 1)

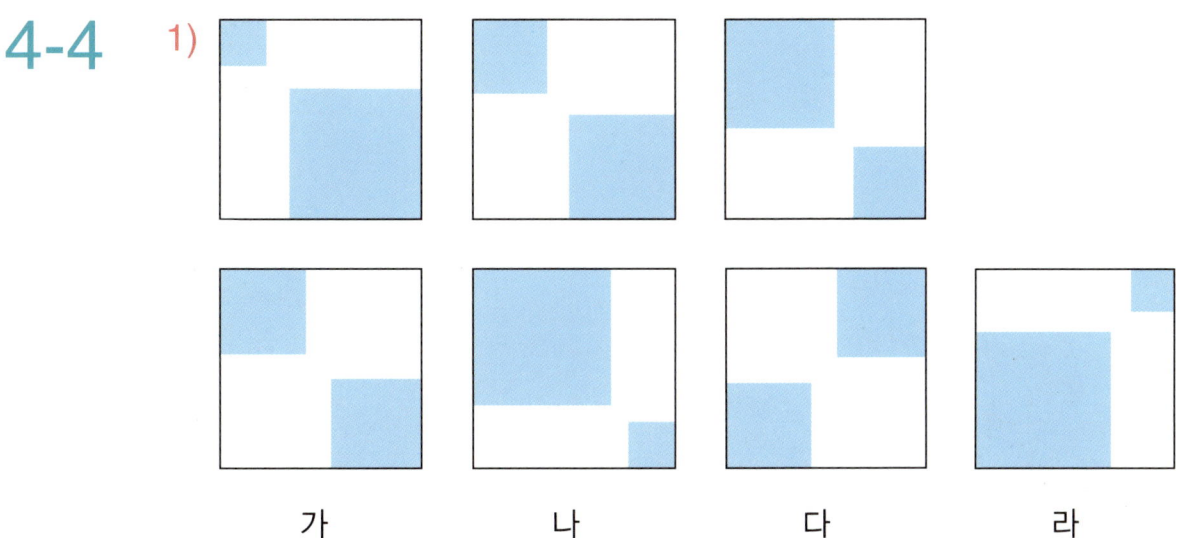

가　　　　　나　　　　　다　　　　　라

2)

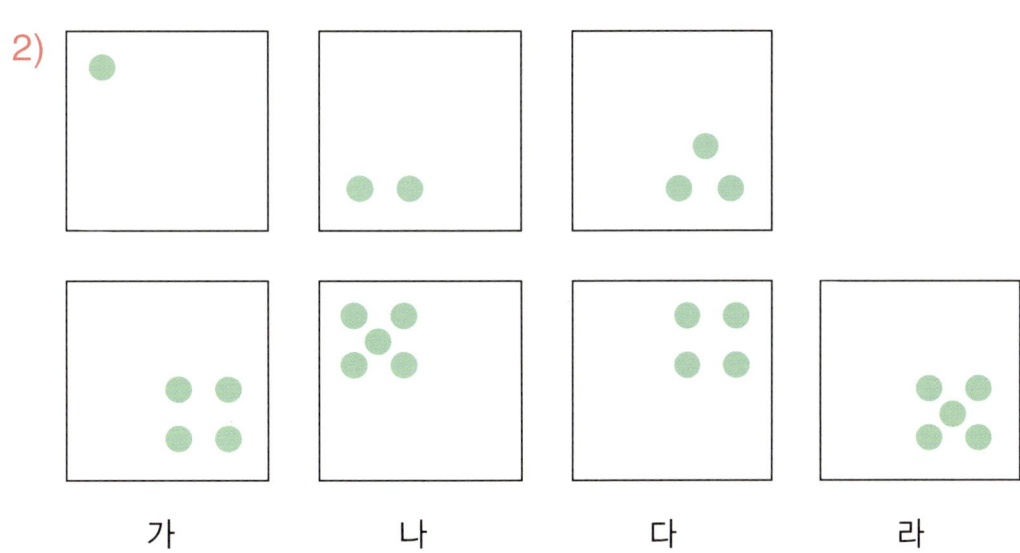

가　　　　　나　　　　　다　　　　　라

8 변화의 규칙 찾아내기

▶▶▶ **오늘 생각할 내용**

변화의 규칙을 찾아내고, 변화를 예측하려면 어떻게 해야 할까요?

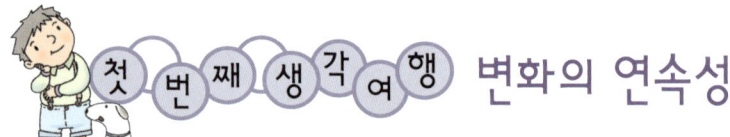 **변화의 연속성**

1-1 다음 네 개의 그림들을 잘 살펴보고, 뒤에 이어질 수 있는 그림을 옆 표에 있는 〈단계〉를 따라서 찾아봅시다.

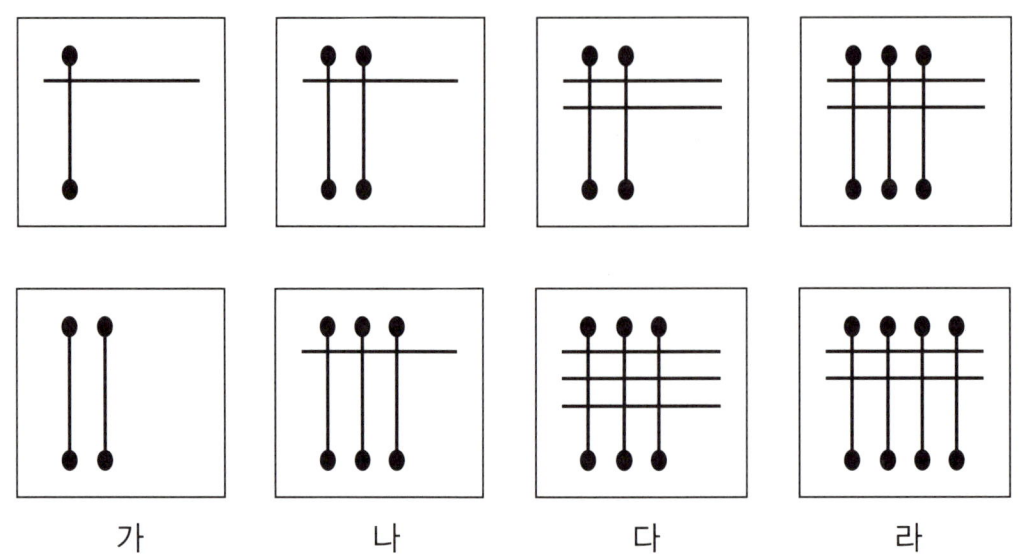

가　　　나　　　다　　　라

변화의 연속성을 찾는 방법

① 단계 1: 첫 번째 네모 안에 있는 그림의 특징을 자세히 살펴보고 말해 보세요.

② 단계 2: 두 번째 네모와 세 번째 네모 안의 그림을 살펴보고 그 특징을 말해 보세요.

③ 단계 3: 이 세 개의 네모 안에 있는 그림들은 어떻게 변화되고 있나요?

④ 단계 4: 그러한 변화가 네 번째 네모 안에서도 반복되고 있는지 확인해 보세요.

⑤ 단계 5: 〈보기〉에 있는 네 개의 그림들의 특징을 각각 살펴보세요.

⑥ 단계 6: 〈보기〉에 있는 그림들 중에서, 변화의 규칙에 맞는 것은 무엇인지 찾아보세요.

※ 앞에서 한 것과 같은 방법으로, 다음 그림들의 변화 규칙에 맞는 것을 찾아봅시다.

1-2

1) 위에 주어진 그림들은 어떤 규칙을 따라서 변화되고 있는지 말해 봅시다.

2) 이 변화의 규칙에 따라 뒤에 이어질 수 있는 그림은 무엇인가요?

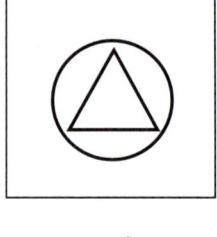 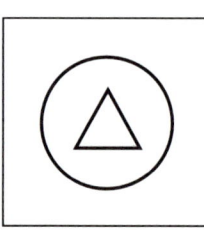 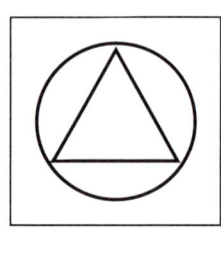 

가　　　　　나　　　　　다　　　　　라

1-3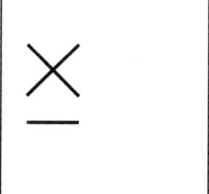

1) 위에 주어진 그림들은 어떤 규칙을 따라서 변화되고 있는지 말해 봅시다.

2) 이 변화의 규칙에 따라 뒤에 이어질 수 있는 그림은 무엇인가요?

가　　　　　　나　　　　　　다　　　　　　라

1-4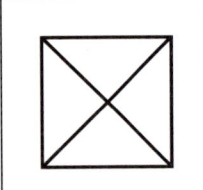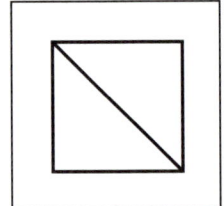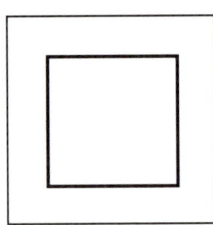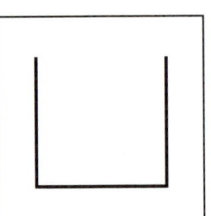

1) 위에 주어진 그림들은 어떤 규칙을 따라서 변화되고 있는지 말해 봅시다.

2) 이 변화의 규칙에 따라 뒤에 이어질 수 있는 그림은 무엇인가요?

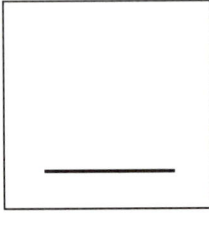 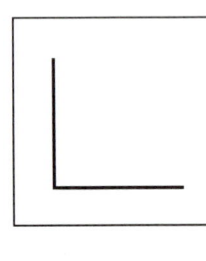  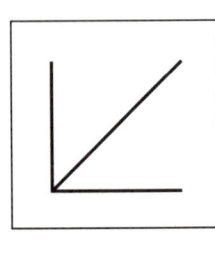

가　　　　　나　　　　　다　　　　　라

1-5

1) 위에 주어진 그림들은 어떤 규칙을 따라서 변화되고 있는지 말해 봅시다.

2) 이 변화의 규칙에 따라 뒤에 이어질 수 있는 그림은 무엇인가요?

 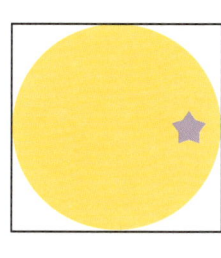  

가　　　　　　나　　　　　　다　　　　　　라

1-6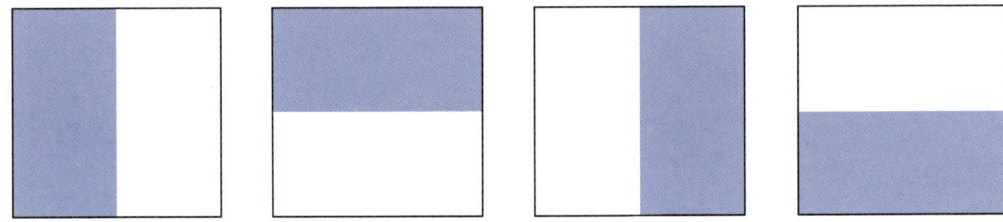

1) 위에 주어진 그림들은 어떤 규칙을 따라서 변화되고 있는지 말해 봅시다.

2) 이 변화의 규칙에 따라 뒤에 이어질 수 있는 그림은 무엇인가요?

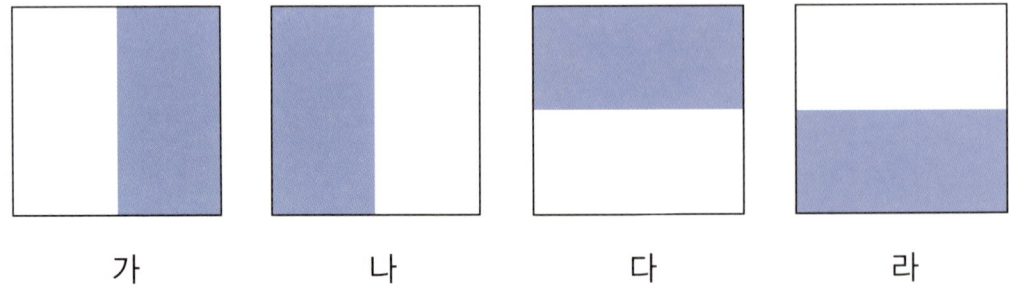

가　　　　　나　　　　　다　　　　　라

1-7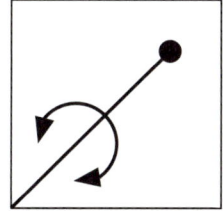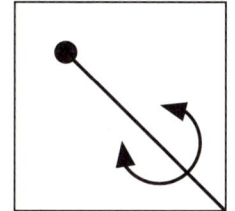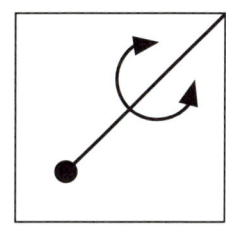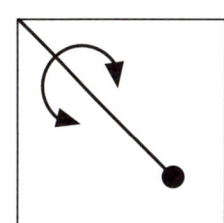

1) 위에 주어진 그림들은 어떤 규칙을 따라서 변화되고 있는지 말해 봅시다.

2) 이 변화의 규칙에 따라 뒤에 이어질 수 있는 그림은 무엇인가요?

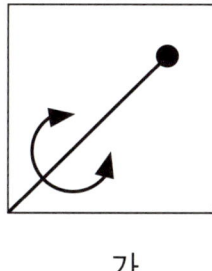 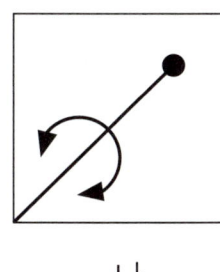 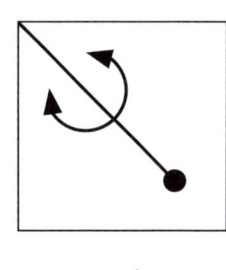 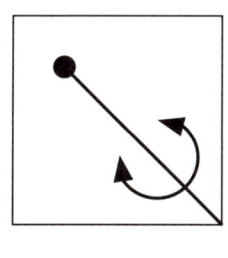

　　가　　　　　나　　　　　다　　　　　라

※ 다음 도형들이 어떻게 변화되고 있는지 살펴보고, 다음에 어떤 도형이 와야 할지 생각해 봅시다.

2-1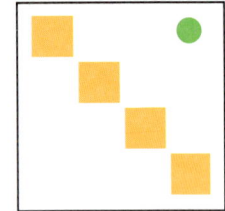

1) 위에 주어진 그림들은 어떤 규칙을 따라서 변화되고 있는지 말해 봅시다.

2) 이 변화의 규칙에 맞는 다음 그림은 무엇인가요?

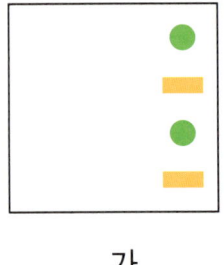   

가   나   다   라

2-2

  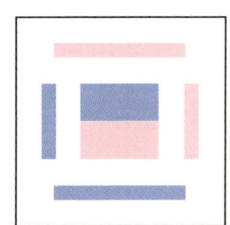 

1) 위에 주어진 그림들은 어떤 규칙을 따라서 변화되고 있는지 말해 봅시다.

2) 이 변화의 규칙에 맞는 다음 그림은 무엇인가요?

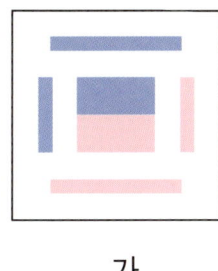 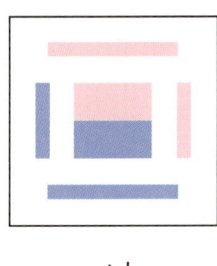  

가　　　　　　나　　　　　　다　　　　　　라

2-3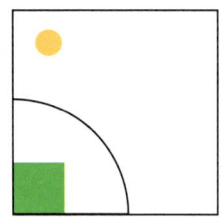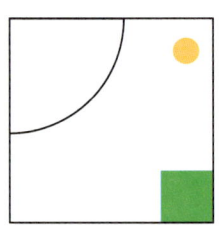

1) 위에 주어진 그림들은 어떤 규칙을 따라서 변화되고 있는지 말해 봅시다.

2) 이 변화의 규칙에 맞는 다음 그림은 무엇인가요?

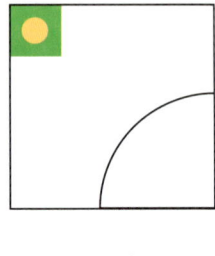 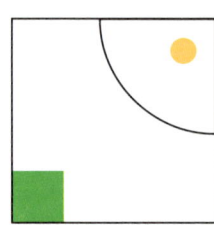  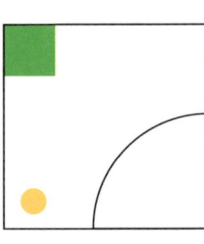

　가　　　　　나　　　　　다　　　　　라

2-4

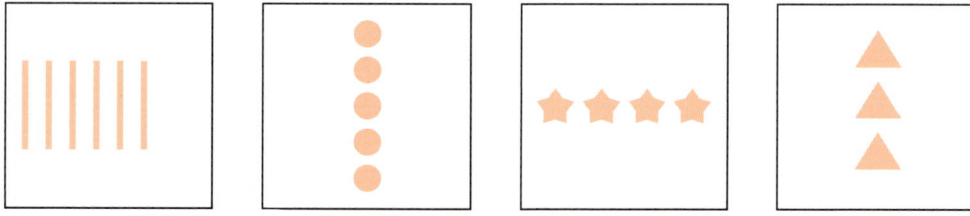

1) 위에 주어진 그림들은 어떤 규칙을 따라서 변화되고 있는지 말해 봅시다.

2) 이 변화의 규칙에 맞는 다음 그림은 무엇인가요?

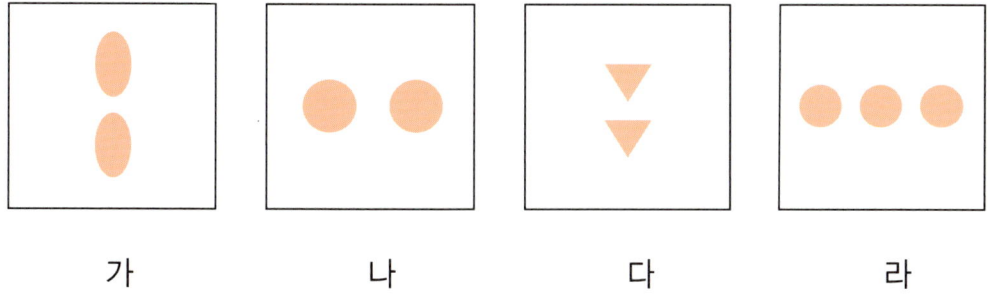

가　　　　　　나　　　　　　다　　　　　　라

2-5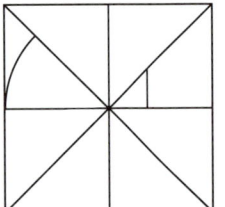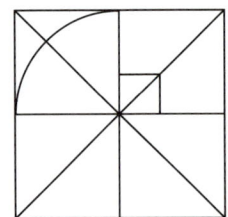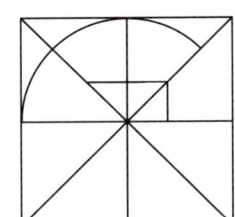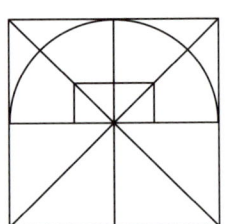

1) 위에 주어진 그림들은 어떤 규칙을 따라서 변화되고 있는지 말해 봅시다.

2) 이 변화의 규칙에 맞는 다음 그림은 무엇인가요?

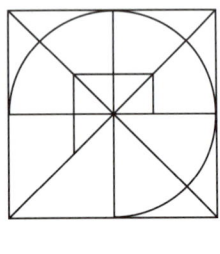 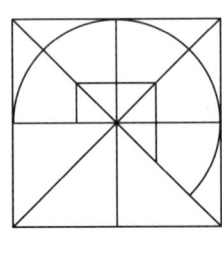 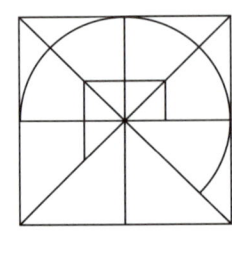 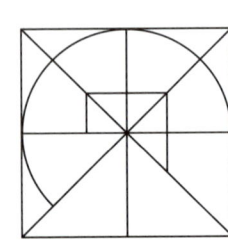

가　　　　　나　　　　　다　　　　　라

2-6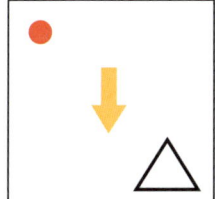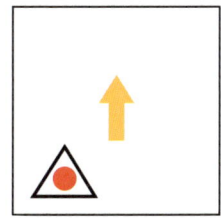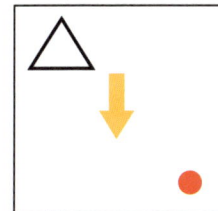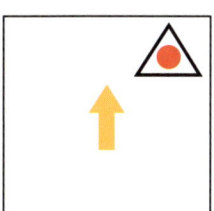

1) 위에 주어진 그림들은 어떤 규칙을 따라서 변화되고 있는지 말해 봅시다.

2) 이 변화의 규칙에 맞는 다음 그림은 무엇인가요?

 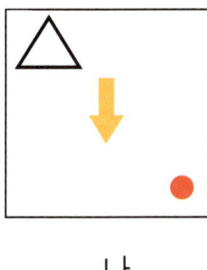 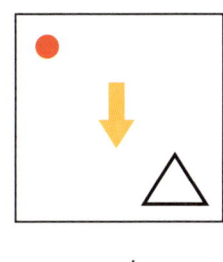 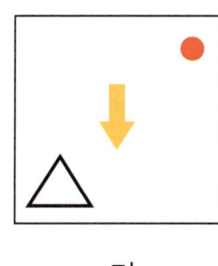

가　　　　　나　　　　　다　　　　　라

9 순서를 정할 수 있는 것과 없는 것

▶▶▶ 오늘 생각할 내용

1. 순서를 정할 수 있는 차원은 어떤 것이고, 순서를 정할 수 없는 차원은 어떤 것인가?
2. 순서를 정할 수 없는 것은 그 이유가 무엇일까?

 순서를 정할 수 있는 것

※ 오른쪽 그림에 나온 도형을 가위로 오려 준비합시다.

1-1 준비된 두 개의 삼각형과 정사각형을 다음과 같이 늘어놓아 봅시다.

 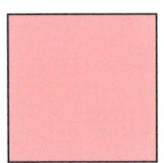  

1) 마지막 정사각형 다음에는 무엇이 와야 할까요?

2) 오른쪽 끝에 있는 정사각형을 맨 앞에 놓아도 순서는 규칙적으로 변하고 있나요?

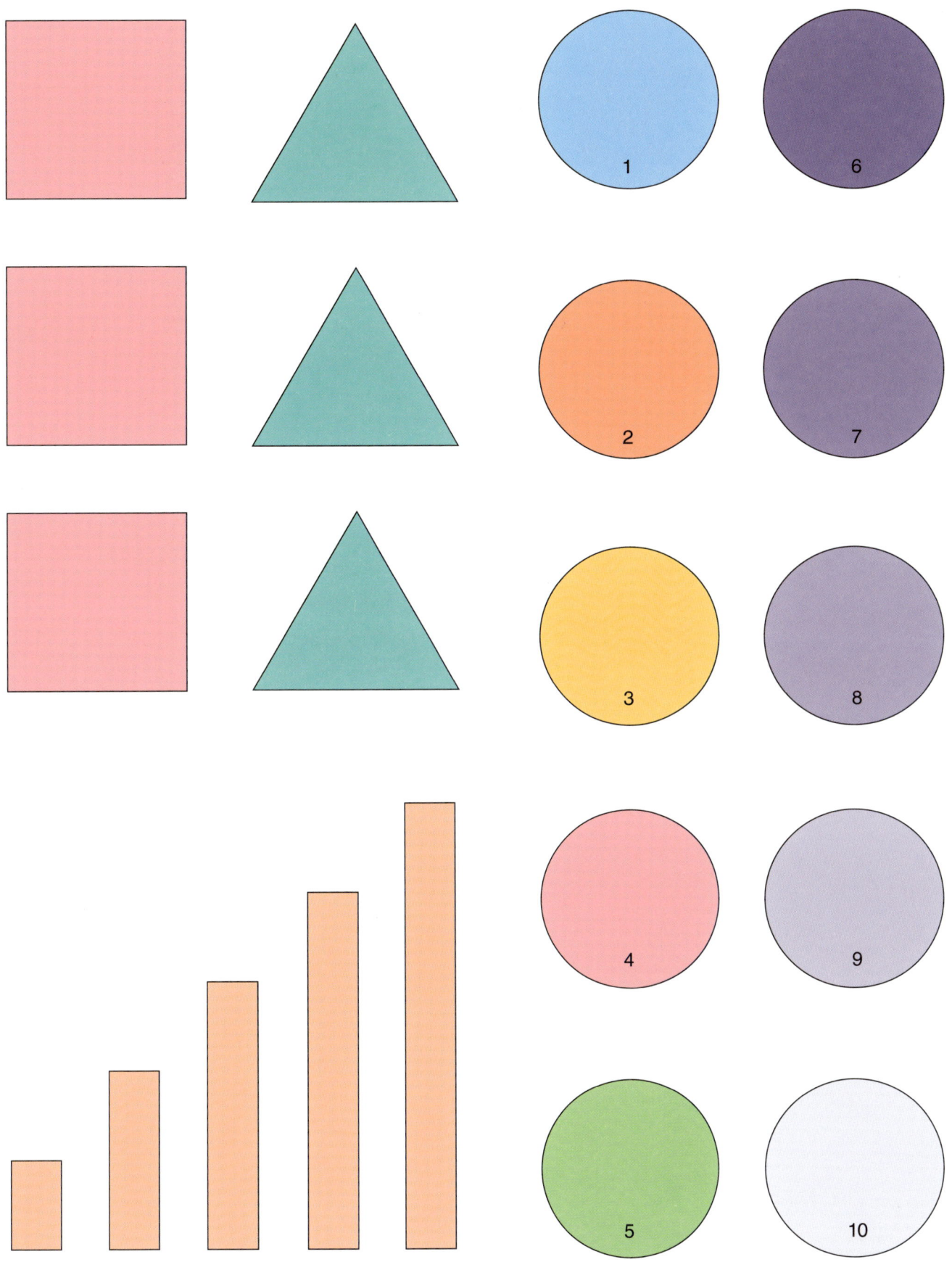

9. 순서를 정할 수 있는 것과 없는 것 113

1-2 이번에는 길이가 다른 다섯 개의 직사각형을 가지고 어떤 변화를 만들 수 있는지 생각해 보세요.

1) 아래 그림에서 도형들은 어떤 순서로 놓여 있나요?

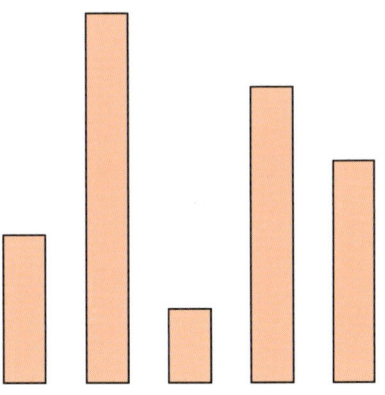

2) 이번에는 위의 직사각형들을 다음과 같이 늘어놓아 보세요. 이 도형들은 어떤 순서로 놓여 있나요?

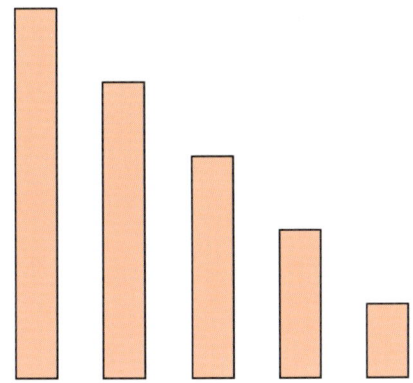

3) 위의 도형들을 다음과 같이 조금 변화시켜 봅시다.

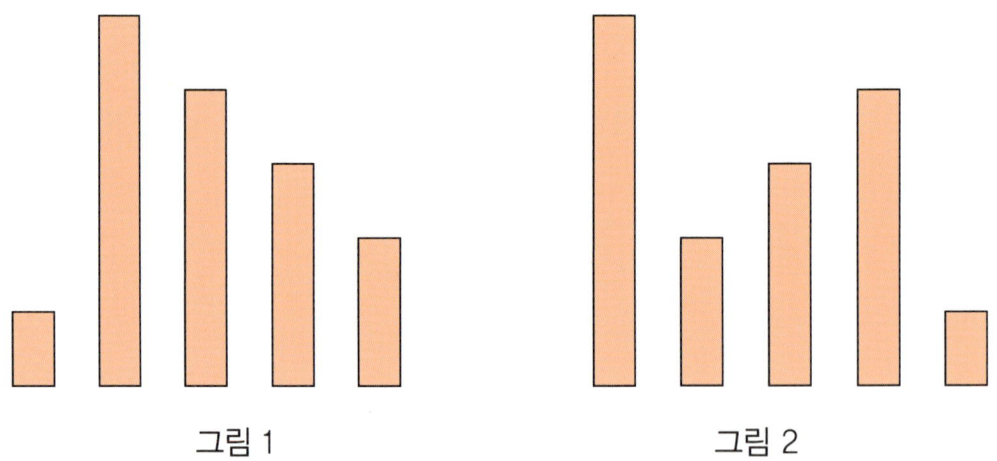

그림 1   그림 2

위의 직사각형들은 크기가 순서대로 놓여 있나요?

① 그림 1

② 그림 2

두 번째 생각여행 순서대로 놓인 것 비교하기

2-1 다음 직사각형들에는 이름이 붙어 있습니다. 서로 비교해서 말해 봅시다.

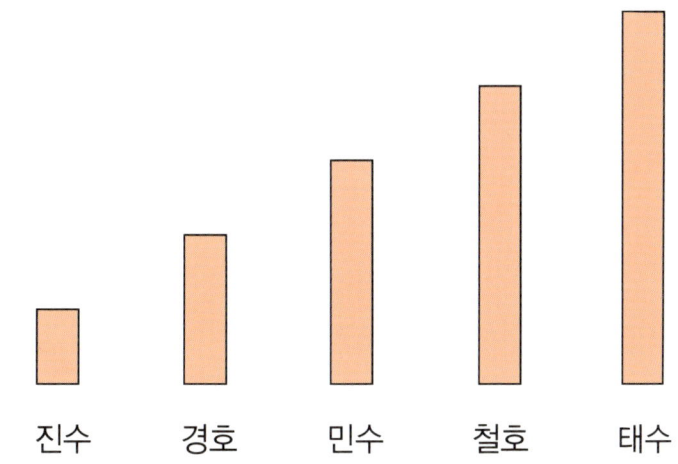

① 진수는 경호보다 (　　　　).
② 경호는 민수보다 (　　　　).
③ 민수는 철호보다 (　　　　).
④ 철호는 태수보다 (　　　　).
⑤ 진수는 민수보다 (　　　　).
⑥ 경호는 태수보다 (　　　　).
⑦ 태수는 민수보다 (　　　　).
⑧ 철호는 경호보다 (　　　　).

3-1 서로 색깔이 다른 원 다섯 개를 책상 위에 번호대로 늘어놓아 보세요.

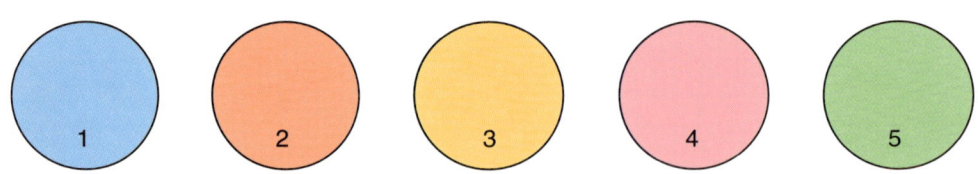

1) 이 원들은 어떤 차원에서 서로 다른가요?

2) 이 원들을 순서를 정하여 늘어놓아 보세요. 순서를 정할 수 없다면, 그 이유는 무엇인가요?

3) 이와 같이 순서를 정할 수 없는 경우를 예로 들어 보세요.

① _____

② _____

③ _____

3-2
이번에는 같은 색깔 집단에 속하지만 조금씩 다른 원 다섯 개를 번호대로 책상 위에 늘어놓아 보세요.

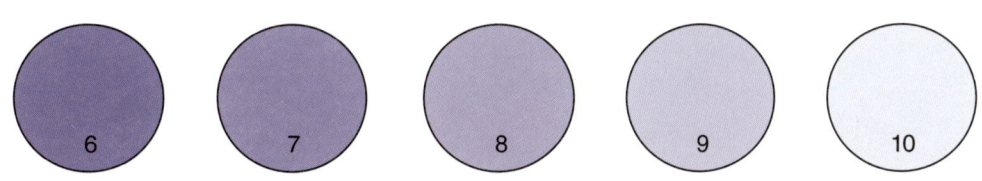

1) 이 원들은 어떤 차원에서 서로 다른가요?

2) 이 원들은 순서를 정할 수 있나요? 순서를 정할 수 있다면, 순서대로 늘어놓아 보세요.

3) 이와 같이 순서를 정할 수 있는 차원의 예를 들어 보세요.

① _____

② _____

③ _____

순서 정하기와 기억하기

▶▶▶ 오늘 생각할 내용

순서를 정하는 것은 기억하는 일에 어떤 도움이 될 수 있을까?

 순서를 정할 수 있는 차원

1-1 다음에 주어진 차원들 중에서 순서를 정할 수 있는 것과 순서를 정할 수 없는 것을 구분해 봅시다. 왜 그렇게 생각하는지도 말해 봅시다.

1) 길이 (1m, 5m, 3m…)
2) 무게 (10kg, 5kg, 6kg…)
3) 방향 (동쪽, 서쪽, 남쪽, 북쪽, 앞, 뒤…)
4) 맛 (단맛, 짠맛, 신맛, 매운맛…)
5) 속도 (시속 20km, 시속 50km, 시속 100km…)
6) 나라 이름 (미국, 영국, 일본, 중국, 한국, 멕시코…)
7) 기온 (영하 1도, 영하 5도, 영상 2도, 영상 10도…)

8) 교과목 (읽기, 수학, 즐거운 생활, 바른 생활…)

9) 학용품의 종류 (연필, 공책, 필통, 지우개, 자…)

10) 계 이름 (도, 레, 미, 파…)

 순서 정하기와 기억하기

2-1

1) 다음 글자들을 5초 동안 읽고, 순서대로 외워서 써 봅시다.

레, 도, 시, 솔, 미, 파, 도, 라

2) 이번에도 다음 글자들을 5초 동안 읽고, 순서대로 외워서 써 봅시다.

도, 시, 라, 솔, 파, 미, 레, 도

3) 어느 경우에 기억하기가 더 쉬운가요?

4) 그 이유는 무엇일까요?

 순서 정하기와 어림잡기

3-1 다음은 세계의 인구 변화를 나타낸 표입니다.

연도	인구수
1960년	30억
1850년	11억
1980년	43억
1930년	21억
1650년	5억
1900년	16억
1750년	7억
2000년	59억

1) 1650년에 세계의 인구는 몇 명이었나요?

2) 1850년에 세계의 인구는 몇 명이었나요?

3-2 다음의 표도 세계의 인구 변화를 나타낸 표입니다.

연도	인구수
1650년	5억
1750년	7억
1850년	11억
1900년	16억
1930년	21억
1960년	30억
1980년	43억
2000년	59억

1) 앞의 표와 이 표는 어떻게 다른가요?

2) 1930년 세계의 인구는 몇 명이었나요?

3) 세계의 인구는 점차 어떻게 변하고 있나요?

4-1
앞의 3-1에 있는 표를 아래에 있는 그래프에 순서대로 나타내고 선으로 이어 봅시다.

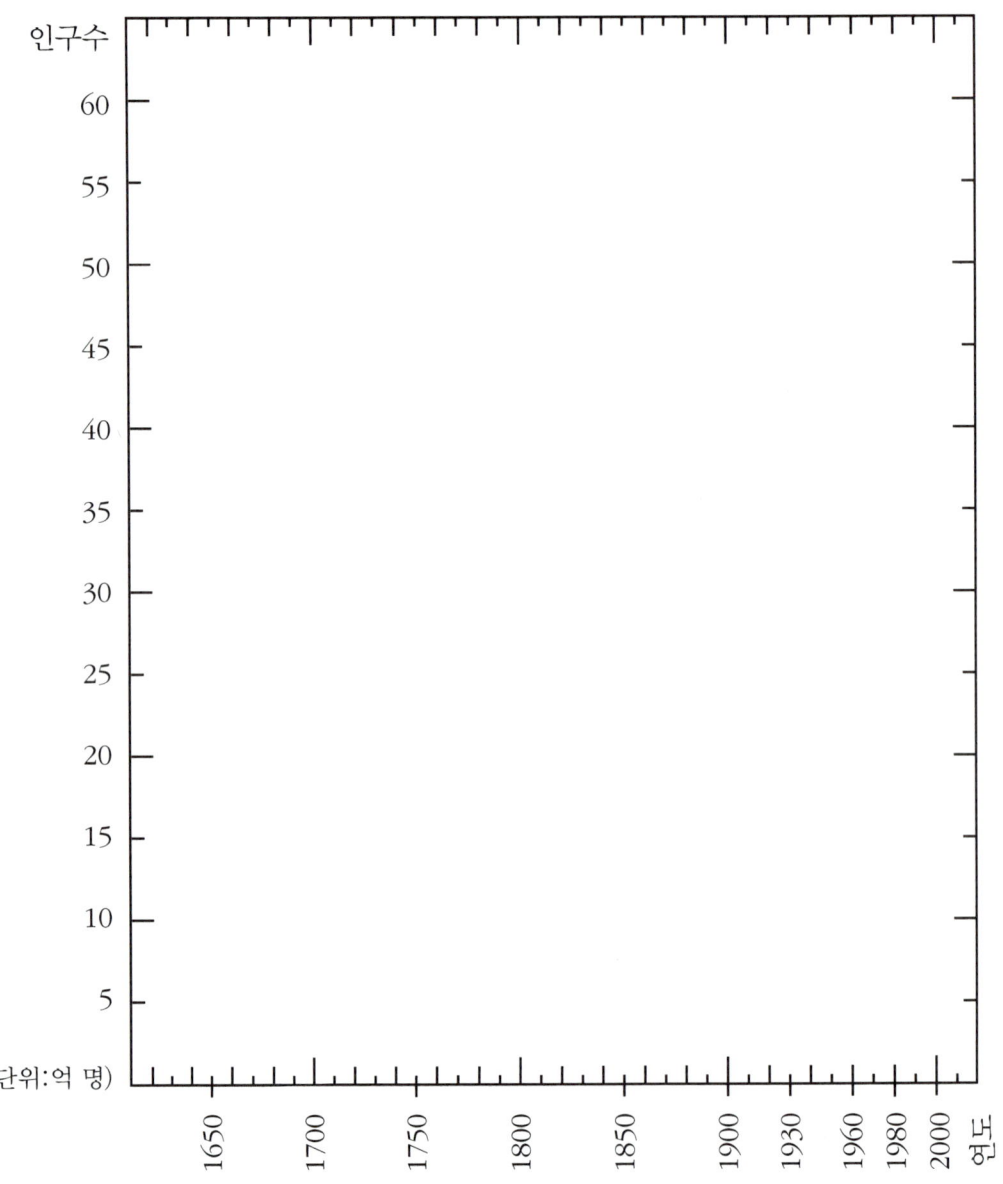

1) 1700년대와 1900년대 중에서 어느 경우에 인구가 더 빨리 증가했나요?

2) 1700년의 인구는 대략 몇 명쯤이었을까요?

3) 1800년의 인구는 대략 몇 명쯤이었을까요?

관점에 따라 달라지는 순서

▶▶▶ **오늘 생각할 내용**

차원이나 관점이 달라지면 순서는 어떻게 달라질까?

비교하여 순서 정하기

1-1 다음에 주어진 막대들을 살펴보고 생각해 봅시다.

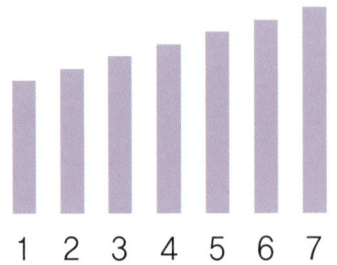

1) 이 막대들을 두 집합으로 분류하려고 합니다. 다음 각각에 해당하는 번호를 적어 넣으세요.
   ① 길이가 긴 막대의 집합={   }
   ② 길이가 짧은 막대의 집합={   }

2) 이번에는 길이가 긴 막대와 짧은 막대의 중간에 속하는 막대의 집합을 말해 봅시다.
   길이가 중간인 막대의 집합={   }

3) 집합을 구분하려고 할 때 어떤 어려움이 있었나요? 그런 어려움이 생긴 이유가 무엇인지 생각해 봅시다.

1-2

다음 각각의 경우 1~7번 막대들의 길이가 어느 경우에 속하는지 생각해 봅시다.

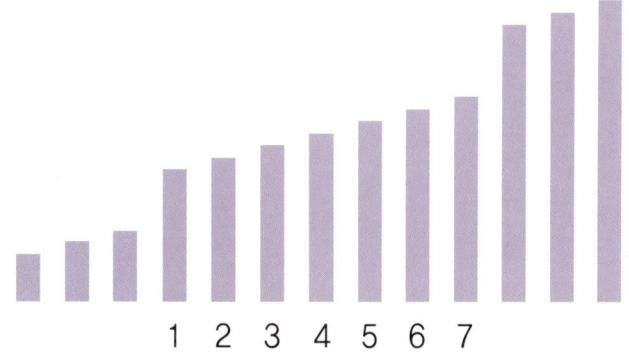

1) 1~7번 막대들은 다른 막대들과 비교해 볼 때, '짧다' '중간' '길다' 중에서 어느 것에 해당할까요?

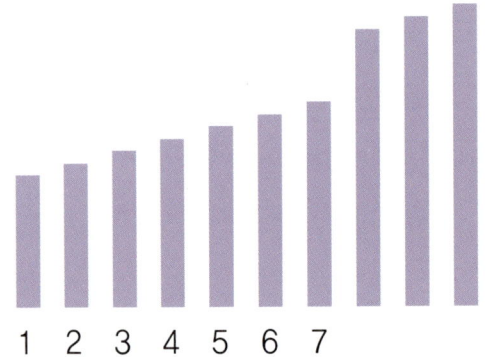

2) 1~7번 막대들은 다른 막대들과 비교해 볼 때, '짧다' '중간' '길다' 중에서 어느 것에 해당할까요?

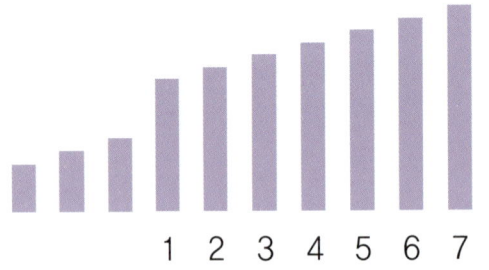

3) 1~7번 막대들은 다른 막대들과 비교해 볼 때, '짧다' '중간' '길다' 중에서 어느 것에 해당할까요?

4) 우리가 1~7번 막대들에 대해서 '짧다' '중간' '길다'라는 생각을 자꾸 바꾸게 된 이유는 무엇인가요?

두번째 생각여행 · 비교하여 순서 정하기 연습 1

2-1 다음 수수께끼를 잘 읽고, 가장 적절한 것을 〈보기〉 중에서 골라 보세요.

1) 이것은 가지처럼 길게 생겼습니다. 그리고 이것은 나뭇잎처럼 초록색입니다. 이것은 무엇인가요?
   ① 야구방망이   ② 수박   ③ 오이   ④ 연필

2) 이것은 아주 밝습니다. 그리고 이것은 지구에서 달보다 멀리 떨어져 있습니다. 이것은 무엇인가요?
   ① 전등   ② 화성   ③ 촛불   ④ 태양

3) 이것은 빌딩만큼이나 높습니다. 그리고 이것은 기차만큼 깁니다. 이것은 무엇인가요?
   ① 코끼리   ② 강   ③ 소나무   ④ 항공모함

4) 이것은 아주 가볍습니다. 그리고 이것은 크기가 축구공만 합니다. 이것은 무엇인가요?
   ① 새   ② 토끼   ③ 풍선   ④ 수박

5) 이것은 둥글고 넓적합니다. 그리고 이것은 아이들이 먹기를 좋아합니다. 이것은 무엇인가요?
   ① 쟁반   ② 초콜릿   ③ 피자   ④ 동전

 **비교하여 순서 정하기 연습 2**

3-1 다음 수수께끼를 잘 읽고, 가장 적절한 것을 〈보기〉 중에서 골라 보세요.

1) 이것은 어떤 것만큼 큽니다. 그리고 이것은 어떤 것만큼 무겁습니다. 이것은 무엇인가요?
   ① 항아리   ② 자동차   ③ 소나무   ④ 철갑상어

2) 위 문제를 해결하려고 할 때, 어떤 어려움이 생겼나요? 그 이유는 무엇인가요?

3-2 다음의 설명에는 중요한 내용이 빠져 있습니다. 〈보기〉들 가운데에서 가장 적절한 문장을 찾아보세요.

1)
> 흥미 있는 것은 타조가 아주 크다는 것이다.

① 타조는 개미에 비해서 크다.
② 타조는 트럭에 비해서 크다.
③ 타조는 다른 새들에 비해서 크다.
④ 타조는 정말 크다.

2)
> 민우는 농촌에 살고 있다. 민우는 서울이 큰 도시이기 때문에 서울에 가는 것을 좋아한다.

① 서울은 부산보다 크다.
② 서울은 민우가 알고 있는 도시들에 비해서 크다.
③ 서울은 산보다 크다.
④ 서울은 정말 큰 도시이다.

3)
> 치타는 아주 빠른 동물이다.

① 치타는 다른 네 발 달린 동물들에 비해서 아주 빠르다.
② 치타는 경주용 자동차에 비해서 아주 빠르다.
③ 치타는 우주선보다 빠르다.
④ 치타는 사람보다 빠르다.

4)
> 내가 먹는 음료수는 차갑다.

① 내가 먹는 음료수는 아이스크림에 비해서 차갑다.
② 내가 먹는 음료수는 보통 음료수에 비해서 차갑다.
③ 내가 먹는 음료수는 냉수에 비해서 차갑다.
④ 내가 먹는 음료수는 항상 차갑다.

4-1 다음은 여러 가지 광고의 내용들입니다. 이 광고들을 잘 읽고, 각각 어떤 내용이 생략되어 있는지 잘 생각해 봅시다.

1) 이 페인트 제거기는 아주 편리하고, 페인트를 빠르게 지울 수 있습니다.

2) 이 제품이 좋은 제품인지 질문을 받은 사람들 가운데에서 4명이 좋다고 말했습니다.

3) 우리 제과점에서 만든 빵에는 자라는 어린이에게 좋은 단백질과 비타민이 포함되어 있습니다.

4) 어서어서 오세요. 멋진 요리 기구를 사세요. 시간이 없습니다. 조금 있으면 떠납니다.

5) 이 치약보다 더 효과가 좋은 치약은 어느 가게에도 없습니다.

6) 이 자동차는 가장 속도가 빠르고 충격에도 가장 강합니다.

7) 우리 회사에서 만든 컴퓨터를 절반 이상 사용하고 있습니다.

종합연습 및 1단계 평가문제

1. 다음 예를 참고로 하여 '자동차'의 특징을 설명하여 봅시다.

   ① **는 ~이다. → 오리는 동물이다. (~에 속한다.)
   ② **는 ~을(를) 가지고 있다. → 오리는 물갈퀴를 가지고 있다.
   ③ **는 ~을(를) 한다. → 오리는 헤엄을 친다.

   1)

   2)

   3)

2. 다음 두 그림의 다른 점을 적어 보세요.

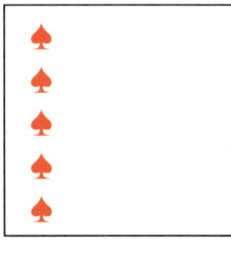

가

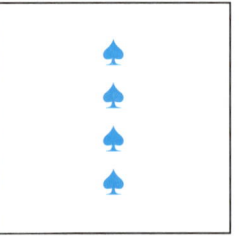

나

차원	가	나

3 왼쪽에 있는 차원에 비추어 볼 때, 서로 비슷하다고 생각되는 것 둘을 찾아보세요.
   1) 색깔 : 빨간색, 초록색, 검정색, 연두색
   2) 길이 : 오이, 야구방망이, 전봇대, 지팡이

4 다음에 주어진 것들의 공통된 특징을 찾아서 적어 보세요.
   1)

   > 이쑤시개, 연필, 장롱, 나무젓가락

   2)

   > 장미, 맨드라미, 인주, 피

5 다음 중에서 같은 집합에 속하지 않는 것을 찾아보세요.
   1) 축구, 야구, 테니스, 마라톤, 탁구
   2) 눈, 설탕, 밀가루, 연탄

6 왼쪽에 있는 도형들에 비추어 볼 때, 네 번째에 올 수 있는 도형은 무엇인가요?

1)

2)

3)

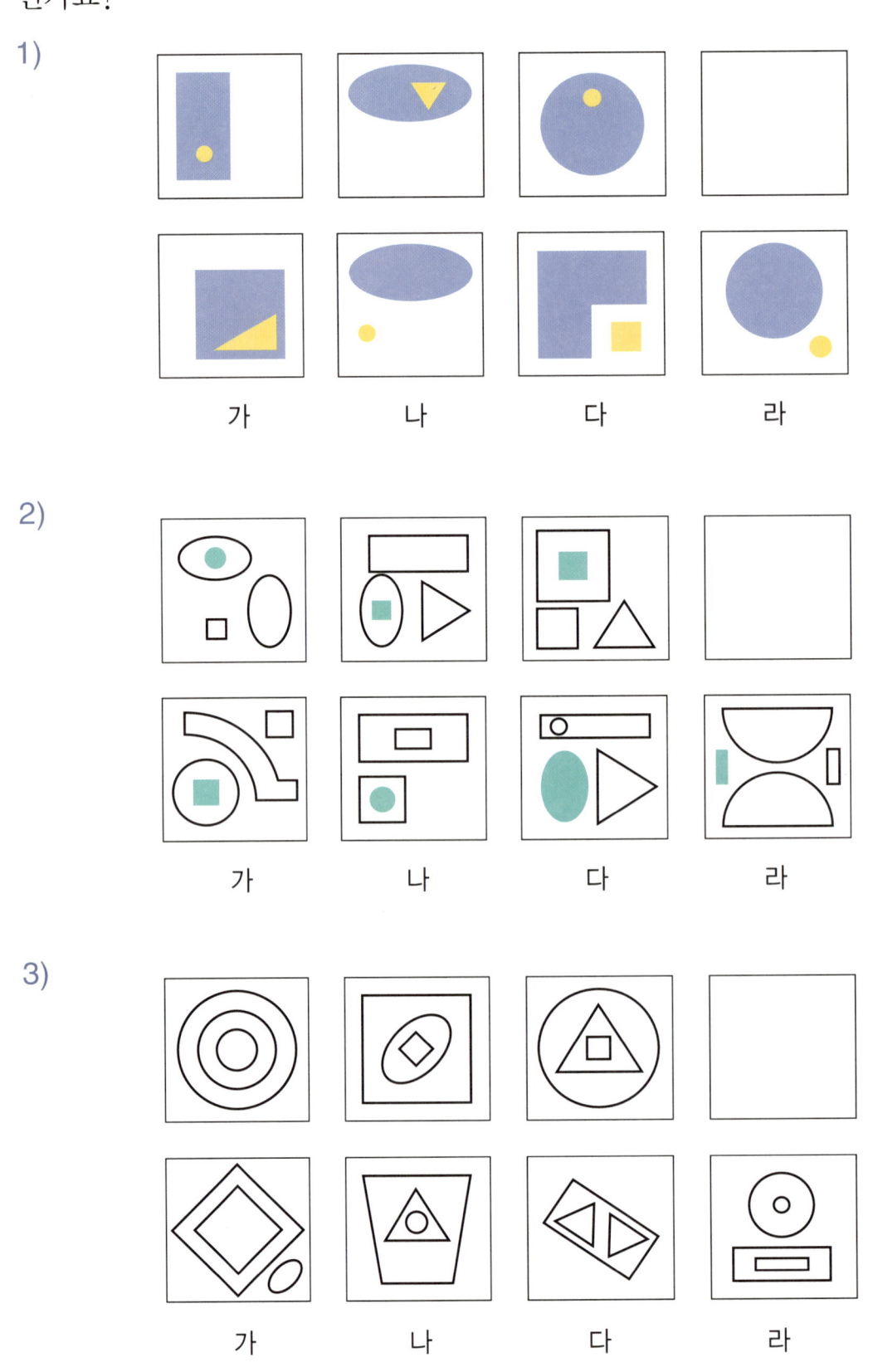

7 다음과 같이 변화하는 도형들에 이어질 수 있는 도형은 무엇인가요?
맨 마지막 네모 칸 안에 그려 넣어 보세요.

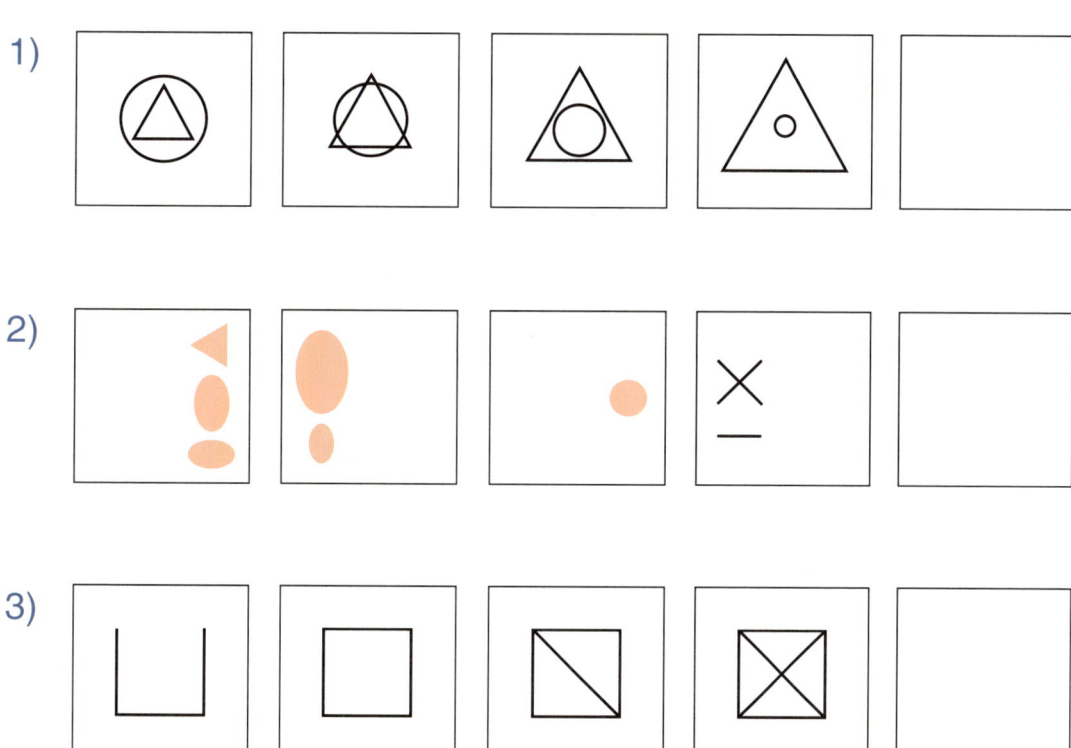

1 우리는 다음과 같은 것들을 어떻게 알 수 있을까요? 그 방법들을 생각해서 적고 말해 봅시다.

알고 있는 것	알 수 있는 방법
피자의 맛	
담배 냄새	
오리가 우는 소리	
장미꽃의 빨간색	
고무공의 물렁물렁한 느낌	

2 다음은 영호가 직접 관찰하지 않고 간접적으로 알아낸 것들입니다. 어떤 간접 관찰의 방법으로 알아낸 것인가요?

알아낸 것	간접 관찰 방법
오늘 박찬호 선수가 15승을 거두었다	
엄마는 서울초등학교를 졸업하셨다	
일본의 수도는 동경이다	

3 여러분이 직접 관찰한 것이나 간접 관찰하여 알게 된 사실을 바탕으로 잠자리의 특징을 말할 때 다음 괄호 안에 무엇이 들어갈지 생각하여 봅시다.

1) 잠자리는 (   )이다.
〔보기:동물, 식물, 사람, 물, 돌〕

2) 잠자리는 (   )이다.
〔보기:물고기, 새, 뱀, 곤충〕

3) 잠자리는 (   )을(를) 가지고 있다.
〔보기:다리, 대롱, 더듬이, 아가미, 지느러미〕

4) 잠자리는 (   )을(를) 가지고 있다.
〔보기:팔, 날개, 더듬이, 아가미, 지느러미〕

5) 잠자리는 (   )을(를) 가지고 있다.
〔보기:팔, 대롱, 더듬이, 아가미, 머리〕

6) 잠자리는 (   ).
〔보기:뛰어다닌다, 헤엄을 친다, 날아다닌다〕

7) 잠자리는 (   )을(를) 낳는다.
〔보기:새끼, 알, 씨앗〕

4 다음 중에서 '허수아비'의 특징이 아닌 것에 ×표를 해 보세요.

1) 무엇이든 잘 먹는다. (   )
2) 아기를 낳을 수 있다. (   )
3) 팔과 다리가 있다. (   )
4) 논이나 밭에 있다. (   )
5) 대부분 모자를 쓰고 있다. (   )

6) 허수아비의 특징 중에서 위에 있지 않은 것을 더 적어 보세요.

5 다음 내용들을 잘 살펴보고, 셋 중에서 서로 가장 비슷한 것 둘을 찾아 동그라미를 하세요.

1) 모양:감자, 귤, 오이
2) 크기:강아지, 호랑이, 공룡
3) 빠르기:강아지, 쥐, 개미
4) 쓰임:양말, 지팡이, 장갑
5) 가격:1,000원 · 2,000원 · 5,000원

6 아래에 있는 세 가지가 어떤 공통된 특징이 있는지 찾아보세요.

1) 감자, 고구마, 귤 _____

2) 자전거, 오토바이, 킥보드 _____

7 다음 그림을 잘 살펴보고 생각해 봅시다.

향나무　　　해바라기　　　민들레

다음 차원에 따라서 가장 비슷한 두 식물의 이름을 적어 봅시다.

차원	비슷한 식물
키	
꽃 모양	
사는 기간	

8 '자동차'가 '자동차'이기 위해서 가져야 하는 특징은 무엇인가요?
'자동차'의 중요한 특징을 아는 대로 말해 봅시다.

예) 자동차는 <u>바퀴가 있다.</u>

1) 자동차는 _____.

2) 자동차는 _____.

3) 자동차는 _____.

4) 자동차는 _____.

5) 자동차는 _____.

※ 다음 도형에서 마지막 네모 안에 들어갈 수 있는 도형을 찾아봅시다.

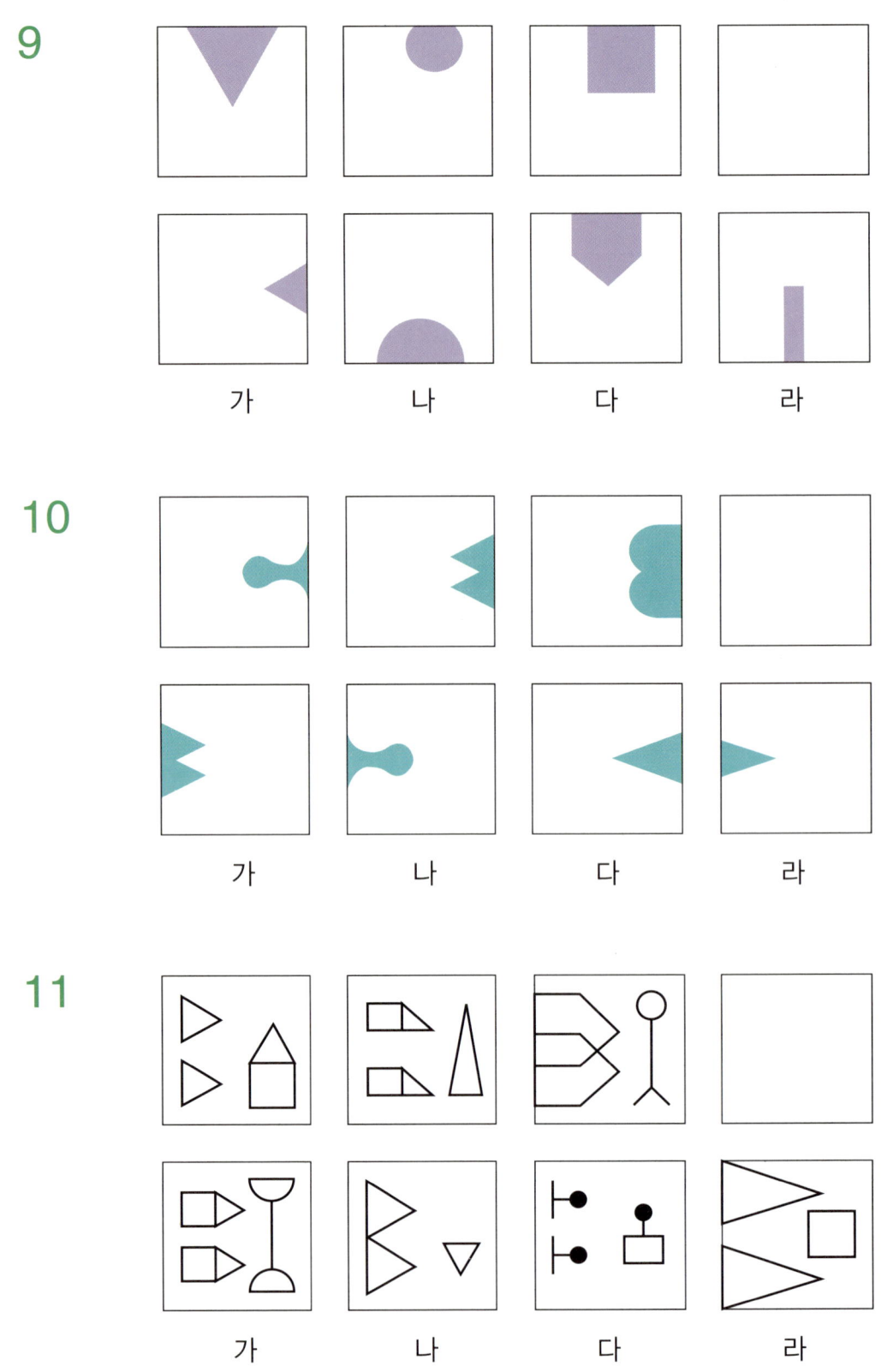

12

가　　나　　다　　라

13 다음 중에서 '자동차'라는 집합에 대해서 올바르게 말한 것은 어느 것인가요?

　① 바퀴가 달린 것은 모두 자동차이다.
　② 자동차가 달리려면 연료가 있어야 한다.
　③ 자동차는 움직일 수 있으므로 동물에 속한다.

14 다음에 있는 것들을 주어진 '차원'에 따라서 분류해 보세요.

핫도그, 귤, 야구공, 배, 사과, 구슬, 젓가락

1) 집합 1:둥근 것={　　　　　　　　　}
2) 집합 2:길쭉한 것={　　　　　　　　　}
3) 집합 3:먹을 수 있는 것={　　　　　　　　　}
4) 집합 4:먹을 수 없는 것={　　　　　　　　　}

15 다음 그림들은 '투투'라는 이름의 집합에 속하는 것과 그것에 속하지 않는 것들입니다. 잘 관찰하고 물음에 답해 봅시다.

이것은 투투가 아니다

이것은 투투이다

이것은 투투가 아니다

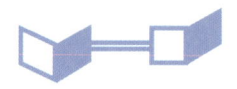
이것은 투투가 아니다

이것은 투투이다

1) '투투'의 특징은 무엇인가요?

2) 다음 그림 중 투투라고 말할 수 있는 것은 무엇인가요?

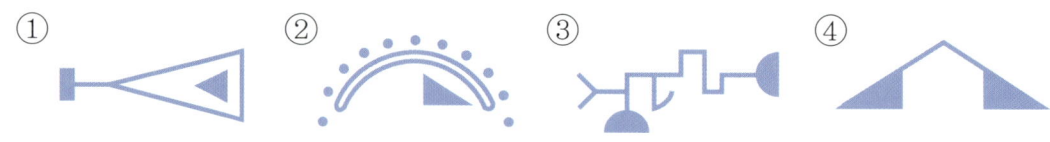

※ 다음 네 개의 그림들을 잘 살펴보고, 뒤에 이어질 수 있는 그림을 찾아봅시다.

16

17

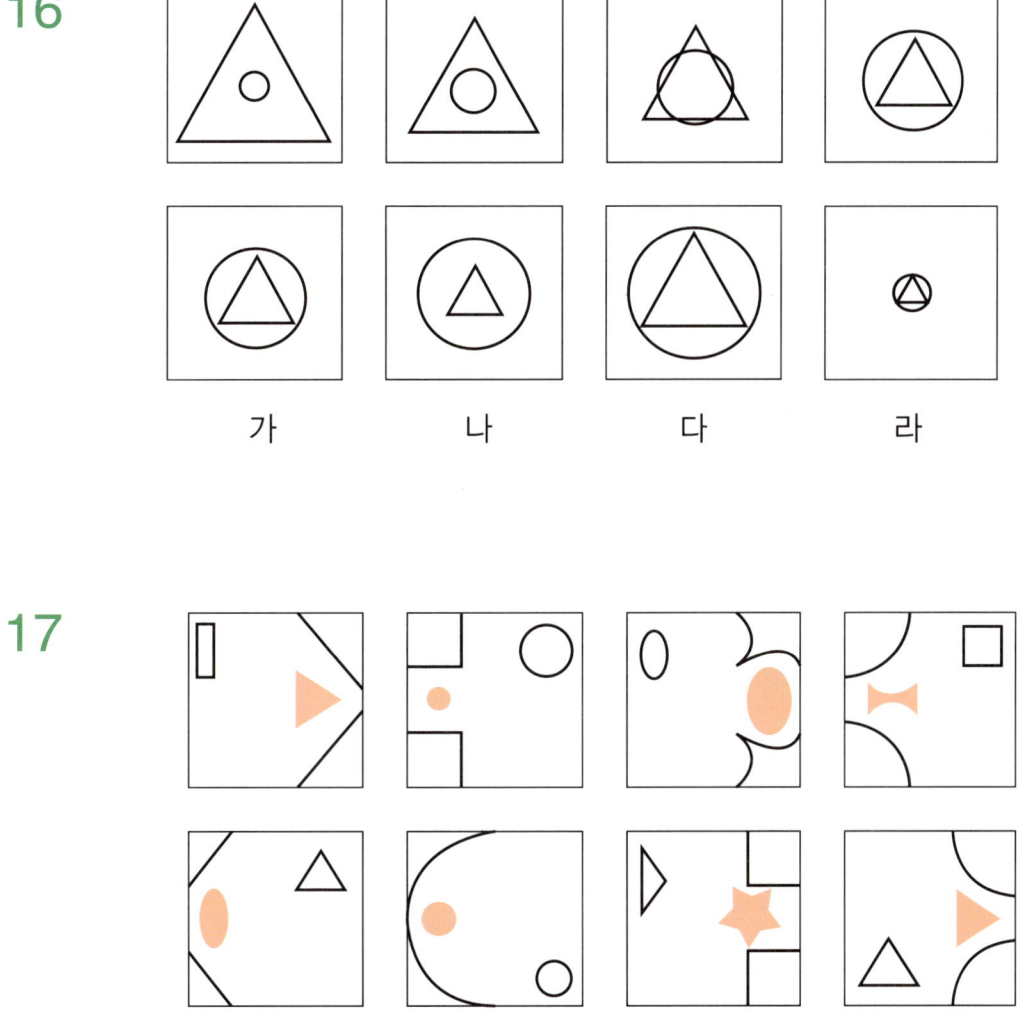

1단계 평가문제

※ 다음 도형에서 마지막 네모 안에 들어갈 수 있는 도형을 찾아봅시다.

18

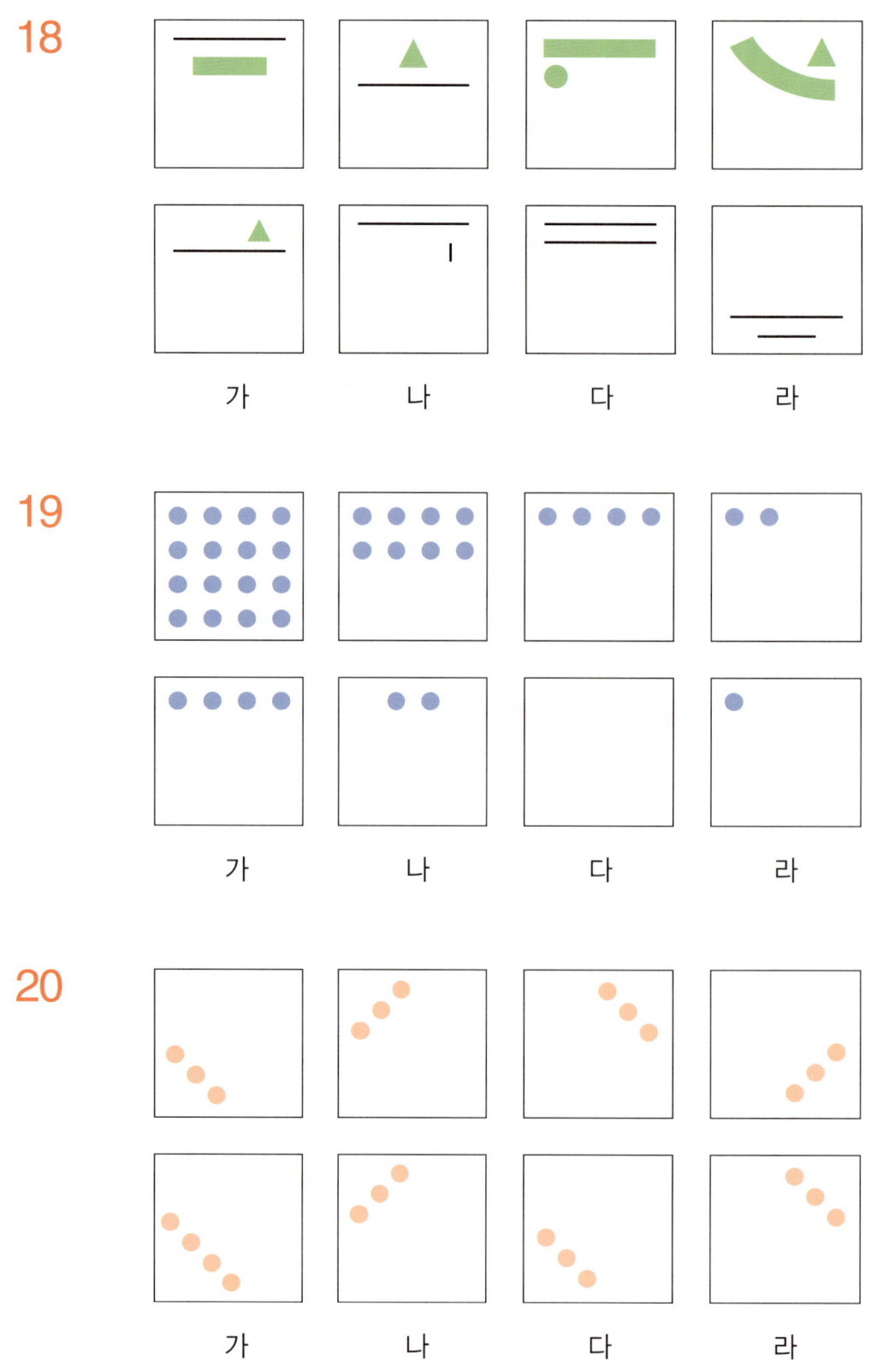

21 순서를 정할 수 있는 것과 순서를 정할 수 없는 것을 구분해 보세요.

> ① 두께 (1cm, 2cm, 3cm…)
> ② 나이 (1살, 10살, 20살…)
> ③ 나무의 종류 (소나무, 향나무, 무궁화…)
> ④ 동물의 종류 (닭, 돼지, 토끼, 소…)
> ⑤ 음식의 종류 (밥, 빵, 국…)
> ⑥ 동물의 빠르기 (치타, 소, 거북이, 개…)

1) 순서를 정할 수 있는 것:(   )
2) 순서를 정할 수 없는 것:(   )

22 다음 수수께끼를 읽고, 가장 적절한 것을 〈보기〉 중에서 찾아보세요.

1) 이것은 바늘처럼 끝이 뾰족합니다. 그리고 이것은 야구방망이처럼 깁니다.
① 이쑤시개 ② 젓가락 ③ 골프채 ④ 창

2) 이것은 아주 무겁습니다. 그리고 이것은 배구공만 합니다.
① 돼지 ② 축구공 ③ 볼링공 ④ 철판

23 다음 문장에는 비교하는 내용이 빠져 있습니다. 무엇에 비교해 보았을 때 그렇다는 것인지 생각해서 적어 보세요.
1) 도시는 무척 시끄럽고 복잡하다. (와(과) 비교해 보았을 때.)
2) 비행기는 무척 빠르다. (와(과) 비교해 보았을 때.)

※ 다음 중에서 같은 집합에 속하지 않는 것은 무엇인가요? 그리고 그것을 뺀 나머지 것들의 집합 이름은 무엇인가요?

24

오리, 닭, 개, 까치, 돼지, 소, 토끼

1) 이 집합에 속하지 않는 것:(   )
2) 집합 이름:(   )

25 다음에 있는 것들을 차원을 정하여 두 개의 집합으로 분류하여 보세요.

인형, 돌멩이, 송아지, 로봇, 은행나무, 비, 고래, 닭, 책상, 지렁이

1) 차원:(   )
2) 집합 1={   }
   집합 2={   }

해답 및 학습지도안

Ⅰ. 관찰과 분류

1. 관찰의 중요성

우리가 알고 있는 여러 가지 지식이나 정보들은 '관찰'(observation, 직접 관찰과 간접 관찰)을 통해서 얻어 낸 것이라는 점을 이해시키고, 관찰 활동을 통해서 학생들이 잘 알고 있는 사물들의 특성을 찾아내도록 한다.

첫 번째 생각여행 8~9쪽

▷ 우리가 세계를 이해하는 일차적인 방법, 즉 '직접 관찰'(direct observation)과 다른 사람이나 정보 매체를 통해서 알게 되는 방법, 즉 '간접 관찰'(indirect observation)에 관해서 배우게 된다.

1-1

▶ "사탕은 단가요, 쓴가요? 그 맛을 어떻게 알 수 있지요? 또 노랫소리는 어떻게 알 수 있지요? 우리 몸의 어떤 부분을 통해서 노랫소리를 알게 되나요?"

알고 있는 것	알 수 있는 방법
장미꽃의 향기	코로 냄새를 맡고
풋고추의 매운맛	혀로 맛보고
강아지가 짖는 소리	귀로 듣고
구름의 하얀 색깔	눈으로 보고
돌멩이의 딱딱한 느낌	손으로 만져 보고

▶ "이처럼 사람들은 어떤 사물을 직접 눈으로 보거나, 코로 냄새를 맡거나, 귀로 듣거나, 손으로 만져 보거나, 혀로 맛봄으로써, 그 사물이 어떤 것인지를 알게 됩니다. 이와 같은 다섯 가지 관찰 방법을 '직접 관찰'이라고 합니다."

1-2

▷ 주변에서 관찰 대상을 한 가지 찾도록 한다. 대상을 선택하면 교재 9페이지 위에 있는 표의 빈 칸에 정리하게 하고, 발표를 시킨다. 한 학생이 발표한 관찰 내용에 대해서 다른 의견을 가진 다른 학생이 있으면 말해 보게 한다.

1-3

▶ "여러분은 멀리 미국에서 박찬호 선수가 야구 시합에서 상대 팀을 이겼다는 것을 어떻게 알 수 있나요? 텔레비전이나 신문, 인터넷 또는 다른 사람의 말을 듣고 알게 되지요. 이렇게 알게 되는 것을 '간접 관찰'이라고 합니다. 교재 9페이지 아래의 표 빈 칸에 있는 것들은 어떤 간접 관찰에 의해서 알 수 있는지 그 방법들을 적어 보세요."

알아내는 방법	알 수 있는 것
텔레비전, 신문을 보고서	새 소식, 내일의 날씨 등
책을 읽고서	새로운 지식, 재미있는 이야기 등
선생님께 배워서	여러 교과의 지식, 가르침 등
부모님, 선생님이 알려 줘서	생활 규칙, 음식 만들기 등

▷ 이외에도 다른 대답이 있을 수 있다. 그럴 경우 그 대답이 맞는지도 함께 검토해 준다.

간접 관찰의 제공자 역시 다른 것을 직접 관찰하거나, 다른 간접 관찰을 통해서 정보를 얻는다. 다른 사람이나 정보 매체가 우리에게 전해 주는 내용 가운데 일부는 그들이 직접 관찰한 것이고, 나머지는 다른 사람들로부터 간접적으로 전해 들은 것이다. 이러한 과정은 끝없이 역추적해 나갈 수 있다. 중요한 것은 그런 것들을 '관찰'을 통해서 알게 되었다는 점이다. 칠판에 다음과 같은 그림을 직접 그리거나 OHP를 통해 보여 주면서 설명하면 좋을 것이다.

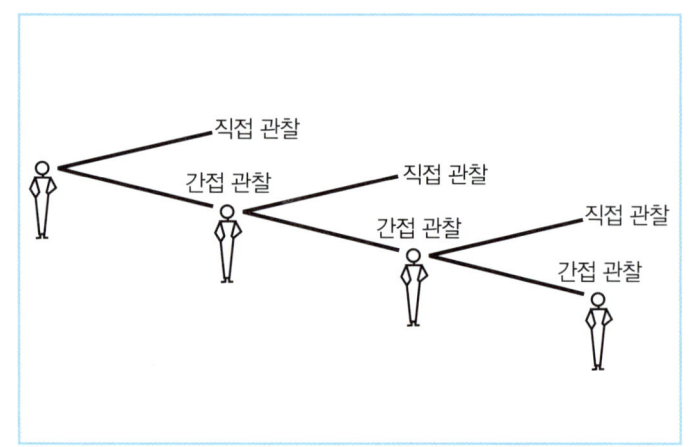

두 번째 생각여행 10~12쪽

2-1
1) ① 동물 ② 새
   ③ 날개 ④ 부리 ⑤ 물갈퀴
   ⑥ 꽥꽥 ⑦ 헤엄을 친다 ⑧ 알
2) 오리는 동물 중에서도 새 종류에 속한다. 오리는 날개와 부리를 갖고 있고, 발에 물갈퀴가 있어서 헤엄을 잘 친다. 오리는 꽥꽥 소리를 내며 울고, 알을 낳는다.

2-2
1) ① ○ ② × ③ ○ ④ ○ ⑤ ×
2) 날개가 달려 있다/빠르다/소음이 크다/연료가 필요하다/사람과 물건을 실어 나른다/요금이 비싸다

세 번째 생각여행 13~19쪽

▷ 그림을 자세히 살펴보고, 잘못된 점이나 이상한 점을 찾아내는 연습을 한다.

3-1
▶ "다른 사람에게 잘 설명할 수 있고, 다른 사람이 설명한 것을 잘 이해하려면 관찰을 잘해야 합니다."
1) 그림자의 방향
2) 거울에는 머리띠 위에 리본이 없음
3) 숫자 8이 3으로 되어 있음
4) 병 입구가 전구보다 작음
5) 깃발이 나부끼는 방향
6) 발자국의 모양

3-2
① 연이 풍선으로 ② 제기가 축구공으로 ③ 팔에 끼고 있던 것이 없어짐

생각연습 20~21쪽

4-1
1) ① × ② × ③ ○ ④ ○ ⑤ ○
2) 대부분 헝겊으로 만들었다/스스로 움직이지 못한다/말을 하지 못한다/아이들이 갖고 놀기 좋아한다/귀엽다

▷ 시간이 있을 때는, 교실 안에 있는 사물이나 학생들이 갖고 있는 물건 중에서 몇 가지를 선정하여 칠판에 이름을 적고, 그 사물의 특징을 발표해 보게 한다.

I. 관찰과 분류

2. 다른 점 찾기

다른 점(차이:difference)을 이용하여 사물의 특징을 알아보는 사고 활동을 하게 된다. 학생들에게 '차원'(dimension)의 개념을 이해시키고, 차원에 비추어서 사물의 특징을 관찰하고 비교하도록 한다.

▶ "우리가 특정한 사람을 알아볼 수 있는 것은 그 사람에게 다른 사람에게는 없거나 다른 사람과는 '다른' 특징이 있기 때문입니다. 사람뿐만 아니라 사물의 경우에도 그것만이 갖고 있는 '다른 점'이 그 사물의 특징을 이루게 됩니다."

첫 번째 생각여행 22~23쪽

▷ 주어진 두 대상이 어떤 점에서 서로 다른지 찾아봄으로써, 다음에 이어지는 '차원'의 개념을 이해하는 활동을 준비하기 위한 학습이다.

1-1
1)
▶ "먼저 키를 비교해 볼까요? 어느 동물의 키가 더 큰가요? 키는 두 동물의 한 가지 특징입니다. 23페이지 표의 첫 번째 빈 칸에 적어 넣어 보세요. 이와 같은 방식으로, 다른 특징들

도 찾아서 서로 비교해 보고 나머지 빈 칸에 적어 보세요."

× × ×	○ ○ ○
키가 크다	키가 작다
머리 모양이 네모	머리 모양이 세모
다리가 네 개	다리가 두 개
기쁜 표정	슬픈 표정
귀가 머리 위에 붙음	귀가 머리 옆에 붙음

▷ 교재 23페이지에 있는 표를 칠판에 그려 놓거나 OHP를 이용하여 보여 준 다음, 학생들과 함께 대화를 나누면서 빈 칸을 채워 나간다.
이외의 특징을 찾아서 발표하는 학생이 있으면 내용을 들어 보고, 맞는지 함께 토의해 본다.
2) ① 기쁜이/기쁜 표정을 짓고 있으니까
② 슬픈이/슬픈 표정을 짓고 있으니까, 샐쭉이/골이 난 표정이니까
▷ 다양한 답이 더 있을 수 있다. 위의 답은 한 예이며, 이와 다른 이름을 붙였거나 다른 이유를 대는 학생이 있으면 발표해 보게 한다.

두 번째 생각여행 24쪽

▷ '차원'의 개념을 이해시킨다. 차원이라는 말이 학생들에게 생소하고 이해하기 어려울 수 있다. '기준'이라는 말을 사용해도 좋으나, 다음 학습 활동에서도 계속 '차원'이라는 말이 사용되므로 개념을 확실히 이해시킨다.

2-1

▶ "기쁜이는 키가 크고 샐쭉이는 키가 작다고 할 때, 기쁜이와 샐쭉이는 어떤 점에서 다르다고 할 수 있나요? 크다, 작다는 말은 무엇을 비교하는 말인가요?"

×××의 특징	○○○의 특징	서로 다른 점
키가 크다	키가 작다	키
머리 모양이 네모	머리 모양이 세모	머리 모양
다리가 네 개	다리가 세 개	다리의 수
기쁜 표정	슬픈 표정	얼굴 표정
귀가 머리 위에	귀가 머리 옆에	귀의 위치

▷ 이 표를 완성하고 나서 차원의 개념을 정의해 준다.

▶ "지금까지 우리는 여러 특징을 비교하는 기준을 알아보았습니다. 네모, 세모는 모양을 말하는 것이고, 네 개, 두 개는 개수를 말하는 것입니다. 이와 같이 비교하는 기준, 각각의 특징들이 속하는 것, 또는 위의 표에서 '어떤 점에서 다른가?'라고 표시된 부분을 우리는 '차원'이라고 합니다."
▷ 차원이라는 말은 길이, 넓이 등을 나타내는 치수나 단위를 뜻하는 말로 쓰일 뿐만 아니라, 어떤 특징들이 속하는 형태를 나타내는 데도 쓰인다.

세 번째 생각여행 25~26쪽

▷ 주어진 차원에 따라서 사물들을 서로 비교하는 활동을 하게 된다.

3-1

▶ "다음 두 도형은 여러 차원에서 서로 다릅니다. 두 도형의 다른 점을 나타내는 차원들이 표에 나와 있습니다. 각각의 차원에 해당하는 특징을 잘 생각해 보고 적어 보세요."
1)
▷ '모양' 차원에서 세모나 네모 대신에 삼각형(또는 정삼각형)이나, 사각형(또는 정사각형)이라는 낱말로 발표하는 학생이 있으면 그 뜻을 설명해 주고 그대로 쓰도록 해도 된다.

차원	가 1의 특징	가 2의 특징
모양	세모	네모
크기	크다	작다
색깔	파란색	빨간색

2)

차원	나 1의 특징	나 2의 특징
높이	높다	낮다
색깔	빨간색	파란색
별의 수	6개	3개
별의 위치	왼쪽	오른쪽

3)

차원	다 1의 특징	다 2의 특징
화살의 수	3개	4개
길이	길다	짧다
화살의 방향	왼쪽으로	위쪽으로
색깔	초록색	노란색

생각연습 27~29쪽

▷ 주어진 차원에 따라서 두 사물을 비교하는 활동과 주어진 두 사물의 특징을 살펴보고 해당하는 차원을 찾아내는 연습을 한다.

4-1

차원	라 1의 특징	라 2의 특징
동물의 종류	새	물고기
사는 곳	땅과 하늘	물속
움직이는 방법	날개를 이용해서	지느러미를 이용해서

▶ "'라 1'과 '라 2'를 비교할 수 있는 차원 중에서 여기에 나와 있지 않은 차원이 있으면 생각해 보고 발표해 보세요."

4-2

▶ "이 문제는 앞에서와는 달리, 주어진 특징들을 보고, 어떤 차원에서 비교한 것인지 알아내는 문제입니다. 첫 번째 특징에는 정사각형과 타원형이라는 특징이 적혀 있습니다. 이 특징들이 속하는 차원은 무엇인가요? 그 차원을 첫 번째 줄 첫 칸에 적으세요. 나머지 특징들도 검토해 보고 그 차원이 무엇인지 알아보세요."

1)

차원	마 1의 특징	마 2의 특징
테두리 모양	정사각형(네모)	타원형(동그라미)
안쪽 줄의 수	4개	2개
줄의 방향	비스듬한 방향	수평 방향
줄의 굵기	가늘다	굵다

2)

차원	바 1의 특징	바 2의 특징
성별	남자	여자
아래에 입은 옷	바지	치마
머리 모양	곱슬머리	곧은 머리
얼굴 표정	우울하다	행복하다

▶ "'바 1'과 '바 2'를 비교할 수 있는 차원 중에서 여기에 나와 있지 않은 차원이 있으면 생각해 보고 발표해 보세요."

3)

차원	사 1의 특징	사 2의 특징
꽃잎의 수	여섯 장	다섯 장
잎의 수	두 장	일곱 장
화분의 모양	둥글다	사각형(네모)이다
꽃의 크기	크다	작다

▶ "'사 1'과 '사 2'를 비교할 수 있는 차원 중에서 여기에 나와 있지 않은 차원이 있으면 생각해 보고 발표해 보세요."

4)

차원	아 1의 특징	아 2의 특징
다리의 수	둘	넷
주로 먹는 먹이	벌레	풀
사람이 이용하는 것	알	우유
키우는 곳	닭장	목장

▶ "'아 1'과 '아 2'를 비교할 수 있는 차원 중에서 여기에 나와 있지 않은 차원이 있으면 생각해 보고 발표해 보세요."

Ⅰ. 관찰과 분류

3. 비슷한 점 찾기

이제까지 사물들의 다른 점에 대해서 살펴보았다면, 여기서는 사물들 사이의 비슷한 점에 대해서 살펴보게 된다.

▷ 사물들을 비교할 때는 다른 점만큼이나 비슷한 점도 매우 중요하다. 차원에 따라서 비슷한 점과 상대적으로 비슷한 점을 찾고, 기능적으로 비슷한 점이 무엇인지 찾아보게 된다.

첫 번째 생각여행 30~31쪽

▶ "지난 시간에는 사물들의 서로 다른 점을 중심으로 비교 관찰하는 공부를 했습니다. 이번 시간에는 사물들의 비슷한

점을 찾아내는 공부를 하게 됩니다. 사물들을 비교할 때에는 다른 점만큼이나 비슷한 점도 아주 중요합니다."

"사물들이 비슷하다는 것은 무슨 뜻이지요? 완전히 같은 것, 즉 동일한 것과 비슷하다는 것은 어떻게 다른가요?"

"두 사물이 비슷하다고 해서 그것들이 반드시 똑같다는 것을 뜻하지는 않습니다. 다른 것들보다 두 사물이 서로 가장 닮았다는 것을 뜻할 뿐입니다."

1-1

▷ 주어진 차원에서 가장 비슷한, 즉 상대적으로 비슷한 짝을 찾는 활동을 하게 된다.

▶ "먼저 '키' 차원에 대해서 생각해 봅시다. 키가 비슷한 사람은 누구와 누구인가요? 왜 그렇게 생각했나요? (두 사람은 키가 큰데, 한 사람은 키가 작기 때문에.)"

"'옷' 차원에서 비슷한 사람은 누구와 누구인가요?"

"이런 방법으로 다른 차원들에 대해서도 가장 비슷한 사람이 누구인가를 찾아서 적어 보세요."

차원	비슷한 사람
키	은주, 철호
옷	선미, 철호
머리 모양	은주, 선미
표정	선미, 철호
남녀 구분	은주, 선미

▷ 이 활동을 통해서, 학생들은 어떤 차원에서 비교하는가에 따라서 비슷한 사람들이 달라진다는 점을 깨닫게 될 것이다.

두 번째 생각여행 31~32쪽

▷ 둘 또는 그 이상의 사물들이 어떤 점에서 서로 비슷한지를 판단하는 방법을 익히게 된다.

▷ 사물들이 비슷하다고 해서 그것들이 반드시 똑같다는 것을 의미하지는 않는다. 단지 다른 것들보다 '상대적으로' 비슷하다고 할 수 있을 따름이다.

학생들이 '상대적으로'라는 말을 이해하기 힘들지도 모른다. 이 용어 자체를 직접 이해시키려고 하기보다는, 다른 것에 비해서 더 가까운 것 또는 더 비슷한 것을 찾아보게 하는 정도로 지도하면 충분하다.

2-1

1) ① 배, 사과 ② 사과, 축구공
2) ① 강아지, 쥐 ② 강아지, 고양이
3) ① 승용차, 자전거 ② 버스, 승용차
4) ① 연필, 붓 ② 연필, 볼펜
5) ① 1,000원·1,200원 ② 1,000원·2,000원
6) 비교하는 것이 어떤 것이냐에 따라서 비슷한 것이 달라질 수 있다. 사물들이 비슷한지, 비슷하지 않은지는 다른 사물들과 비교하거나 관련지어서 판단해야 한다.

세 번째 생각여행 33쪽

▷ 주어진 것들의 공통성을 찾는 활동을 하게 된다. 항목에 따라서는 공통된 특징이 여러 가지가 있을 수 있다.

3-1

▶ "세 가지 모두 공통적으로 가지고 있는 특징을 찾아내는 것입니다. 그 특징이 한 가지 이상인 경우도 있을 것입니다."

1) 글씨를 쓰거나 그림을 그리는 데 쓰인다/둥글고 길쭉하다
2) 둥글다
3) 물 같은 액체이다/그릇에 담을 수 있다
4) 어떤 것을 재는 데 쓰인다/눈금이나 숫자가 있다
5) 잎을 먹는 채소이다/녹색 채소이다
6) 무엇인가를 담는 데 쓰인다
7) 하얀색의 가루이다/먹을 수 있다
8) 물건을 자르거나 써는 데 쓰인다
9) 공을 가지고 하는 운동이다/두 사람 이상이 모여서 한다
10) 동그랗다/껍질 속에 알맹이가 있다/먹을 수 있다

생각연습 34~35쪽

4-1

▶ "때때로 우리는 목적에 따라서 사물의 비슷한 점을 판단하기도 합니다. 예를 들어, 망치로 나무에 못을 박으려고 하는데 망치가 없다면 어떻게 해야 할까요? 주변을 살펴보니 돌멩이, 구두, 비누가 있다고 합시다. 이 중에서 망치 대신 사

용할 수 있는 것은 무엇인가요? 돌멩이겠지요. 그런데 돌멩이도 없다면 이번에는 어떻게 해야 할까요? 나머지 둘 중에서 구두의 굽을 이용할 수 있겠지요. 이 경우에 못을 박는 목적에 대하여 가장 비슷한 것은 돌멩이와 구두라고 할 수 있습니다."

차원	비슷한 동물
먹이	토끼, 소
울음소리의 크기	닭, 소
새끼/알	토끼, 소
몸집의 크기	토끼, 닭
다리의 수	토끼, 소

하려고 하는 일	필요한 물건
동그라미를 그린다	동전, 컵, 풀 뚜껑
압정을 뽑는다	가위, 칼, 자
화장실에 가려는데 화장지가 없다	신문지, 공책, 화선지
꽃다발을 묶는다	고무줄, 실, 테이프
종이를 붙인다	풀, 테이프, 압정
선을 그으려는데 자가 없다	막대기, 책받침
달걀을 담는다	비닐봉지, 가방, 그릇
종이를 자른다	가위, 칼, 자
못을 박으려는데 망치가 없다	돌멩이, 벽돌, 쇳조각
바지 허리띠가 끊어졌다	고무줄, 노끈, 빨랫줄

4-2

▷ 기능적으로 비슷한 것을 찾는 활동이다. 각 항목에 대해서 다양한 반응이 있을 수 있다. 학생이 판단하기 애매한 것을 제안하면, 함께 토론을 해 보는 것이 좋을 것이다.

4-3

1) 신발의 종류이다
2) 사람이 먹는 것이다/둥글게 생겼다/껍질이 있다
3) 사람을 운반해 준다/연료로 움직인다
4) 글씨를 쓰거나 그림을 그릴 수 있다/길쭉하다
5) 동물이다/알을 낳는다

Ⅰ. 관찰과 분류

4. 특징에 따라 분류하기

사물이나 도형의 중요한 특징(본질적 특성)을 찾아내고, 그 특징을 기초로 해서 사물이나 도형을 분류하는 연습을 한다.

첫 번째 생각여행 36~37쪽

▷ 사물의 '중요한 특징'이란, 어떤 사물이 가지고 있는 '본질적 특성'을 말한다. 예컨대, '나무'가 '나무'이기 위해서 가지고 있어야 할 특징이 나무의 본질적 특성이다.

1-1

1) 나무는 식물이다.
2) 나무는 하늘로 뻗어 자란다.
3) 나무는 줄기와 가지가 있다.
4) 나무는 가지에 잎이 달려 있다.
5) 나무는 움직이지 못한다.

▶ "자전거를 유모차나 오토바이라고 하지 않으려면 어떤 특징을 가져야 할까요? 자전거는 붉은색이고 바구니가 달려 있어야 한다고 말할 수는 없습니다. 색깔이 붉은색이거나 바구니가 달려 있는 자전거가 있을 수는 있지만, 그것이 자전거의 중요한 특징이 될 수는 없지요. 하지만 바퀴가 두 개 달려 있다는 특징은 어떤가요? 바로 이것이 자전거가 다른 것들과 구별되는 중요한 특징이 됩니다. 이외에도 자전거의 중요한 특징들이 많이 있습니다. 잘 생각해 보고 발표해 보세요."

1-2

1) 자전거는 사람의 힘으로 움직인다.
2) 자전거는 페달이 있다.
3) 자전거는 안장이 있다.
4) 자전거는 손잡이가 있다.
5) 자전거는 쇠로 되어 있다.

두 번째 생각여행 38~40쪽

▷ 나무나 자전거처럼 구체적인 사물을 다루는 것이 아니라, 추상적인 도형들을 관찰하고 그것들이 공통적으로 갖고 있는 본질적 특성을 찾아내는 활동을 한다.

▷ '모양과 크기'의 차원에서 공통된 특징을 갖는 도형 집단의 구성원을 찾아내는 활동이다.

2-1
1) ① 큰 네모 안에 동그라미가 있다.
   ② 네모 안의 동그라미 크기가 같다.
2) 동그라미의 위치가 다르다.

2-2
1) ① 큰 네모 안에 작은 네모가 두 개씩 들어 있다.
   ② 작은 네모 두 개의 크기가 같다.
2) 다

▷ 이어지는 문제들 역시 '위치'와 관계없이 모양과 크기의 차원에서 동일한 것을 찾으면 된다.

2-3
1) ① 큰 네모 안에 세모가 두 개씩 들어 있다.
   ② 네모 안에 들어 있는 세모는 큰 것은 큰 것끼리, 작은 것은 작은 것끼리 크기가 같다.
2) 나

세 번째 생각여행 41~43쪽

▷ '위치'의 차원에서 공통된 특징을 갖는 도형 집단의 구성원을 찾아내는 활동을 한다. '위치'만 같으면 크기나 개수나 모양은 상관이 없다.

3-1
1) 네모 안의 두 대각선이 만나는 위치에 도형이 놓여 있다.
2) 가운데 있는 도형의 모양과 크기가 다르다.

3-2
1) 네모 안의 도형들의 크기가 다르지만 모두 왼쪽에 붙어 있다.
2) 다

▶ "여기에서 도형의 크기나 모양이 중요한 특징이 되지 못하는 까닭은 집단 구성원 전체가 모두 같은 특징을 갖지 못하기 때문이에요. 위의 두 문제를 해결하는 과정에서 발견한 중요한 특징은 무엇이었나요? 그 특징들이 속하는 차원은 무엇이지요? (크기나 모양에 관계없이 위치가 일정했습니다.)"

3-3
1) 네모 안의 도형이 모두 위쪽에 붙어 있다.
2) 다

네 번째 생각여행 44~46쪽

▷ '방향'의 차원에서 공통된 특징을 갖는 도형 집단의 구성원을 찾아내는 활동을 하게 된다. '방향'만 같으면 크기나 모양, 위치 등은 상관이 없다.

4-1
1) 네모 안의 화살표의 방향이 모두 같다.
2) 화살표의 크기나 모양이 다르다.

4-2
1) 평행선에 두 개의 화살표가 수직 방향으로 가로지르고 있는데, 하나는 위를 향하고 다른 하나는 아래를 향하고 있다.
2) 나

▶ "여기에서 크기가 중요한(본질적인) 특징이 아닌 까닭은 모두 크기가 다르기 때문입니다. 모양 역시 각각 다르므로 중요한 특징이 될 수 없습니다. 위 두 문제에서는 크기나 모양에 상관없이 방향이 일정하므로, '방향'만이 중요한 특징이 될 수 있습니다."

4-3
1) 왼쪽에 있는 두 개의 도형은 오른쪽을 향하고, 오른쪽의 도형은 위를 향하고 있다.
2) 다

생각연습 47~53쪽

5-1
1) 네모, 큰 동그라미, 작은 동그라미의 크기가 같다.
2) 다

5-2
1) 크기가 다른 세 개의 T자 모양이 모두 들어 있고, 가장 큰 T, 중간 T, 가장 작은 T가 각 네모마다 크기가 같다.
2) 나

5-3
1) 네모 안의 왼쪽 구석에 작은 도형들이 들어 있다.
2) 나

5-4
1) 네모 안의 오른쪽 벽 가운데에 검은색 도형이 붙어 있다. 크기나 모양은 아무 상관없다.
2) 답 생략

▷ 학생에 따라서 다양한 답이 나올 수 있다.

5-5
1) 네모 안의 도형들이 중앙을 향하고 있다.
2) 다

5-6
1) 네모 안의 5개의 선이나 도형들이 향하는 방향이 같다.
2) 다

5-7
1) 한 개의 큰 도형 안에 작은 도형 하나가 들어 있다.
2) 가

Ⅰ. 관찰과 분류

5. 집합과 분류

앞에서 학습한 것들을 바탕으로, 사물들을 제시된 특징에 따라서 집합으로 분류하거나, 제시된 집합의 원소들을 나열하는 활동을 하도록 구성되어 있다.

▷ 공통적으로 갖고 있는 특징에 따라서 사물을 분류하는 일은 지식이나 정보를 체계화하는 중요한 방법이다. 예를 들어, 신문기사들은 세계뉴스, 국내뉴스, 경제, 정치, 스포츠 등으로 나뉘어 있다. 텔레비전의 프로그램 안내표는 날짜와 시간대별로 배열되고 있다. 전화번호부는 기관과 사업의 종류에 따라서 색깔을 달리하여 전화번호를 정리하고 있다. 그리고 도서관에서는 책을 주제에 따라서 분류해 놓고 있다. 이처럼 집합과 분류는 우리 생활에서 다양하게 활용되고 있다.

집합과 분류에 대한 이해를 높이기 위해서, 하나 이상의 중요한 특징에 따라서 사물들을 분류하고, 이를 활용하는 문제들을 다루어 본다.

첫 번째 생각여행 54~55쪽

1-1
▷ 집단의 구성원 모두가 공통적으로 갖는 특징을 찾도록 지도한다. 괄호의 예는 학생에 따라 다양하게 나올 수 있다.

1) 바지, 저고리/사람들이 몸에 입는 것, 의복의 종류
2) 오르간, 리코더/악기의 종류
3) 고양이, 돼지/사람이 키우는 가축
4) 밥그릇, 젓가락/음식을 먹을 때 필요한 기구

▷ '집합'의 뜻: 하나 이상의 공통된 특징을 갖고 있는 것들의 모임, 즉 서로 닮은 점이 있는 것들을 모아 놓은 것을 말한다.
'집합 원소'의 뜻: 집합에 포함될 수 있는 것들, 집합의 구성원

들을 말한다.

두 번째 생각여행 56~59쪽

▶ "여러분은 분류라는 말의 뜻을 알고 있나요? (분류란 사물들을 집합으로 나누는 활동을 말합니다.)"

"집합으로 분류하는 일은 우리가 이 세상을 잘 이해하는 아주 중요한 방법이에요. 예를 들어, 우리는 파는 물건이 무엇인가에 따라서 상점을 분류합니다. 상점들의 집합에는 어떤 것들이 있나요? (약국, 서점, 문방구, 음식점 등이 있지요.) 또 우리는 어떤 음식을 냉장고에 보관할 것인지, 상자나 항아리에 보관할 것인지 분류하기도 하고, 어떤 음식이 건강에 좋은지, 나쁜지에 따라 음식들을 분류하기도 합니다. 이처럼 분류하는 일은 우리 생활에서 아주 중요하기 때문에, 여기에서는 분류하는 방법에 관하여 공부하게 됩니다."

2-1

▷ 가위를 준비해서 교재 57페이지에 있는 도형 그림을 점선을 따라 오리게 한다.

▶ "가위로 오린 그림 카드들을 살펴보세요. 이 그림들은 어떤 점에서 서로 구별되나요? (모양, 크기, 색깔에 따라 구별됩니다.)"

"첫 번째 단계는 이러한 차원들 가운데 하나를 선택하여 그림 카드들을 분류하는 것입니다. 먼저 오려 낸 12장의 카드를 '색깔'의 차원에서 분류해 볼까요?"

1) ① {1, 3, 6, 10, 11, 12} ② {2, 4, 5, 7, 8, 9}
2) ① {1, 4, 6, 8, 11, 12} ② {2, 3, 5, 7, 9, 10}
3) ① 원 모양, {2, 4, 6, 12} ② 별 모양, {5, 7, 10}
   ③ 마름모, {1, 3, 8, 9, 11}

생각연습 60~63쪽

3-1

1) ① {참새, 기러기, 까치, 앵무새} ② {사자, 고양이, 말, 곰}
2) ① {김치, 감자튀김, 깍두기} ② {양념 치킨, 불고기, 새우튀김}
3) ① {사과, 감, 배, 복숭아} ② {배추, 파, 시금치, 상추}
3) ① {치마, 바지, 모피코트, 점퍼} ② {감자, 된장찌개, 쌀밥, 피자}
   ③ {아파트, 기와집, 빌라, 초가집}

3-2

1) ① 쓰거나 그리는 도구, {연필, 크레파스, 색연필, 사인펜}
   ② 쓰거나 그리는 종이, {공책, 스케치북, 수첩, 도화지}
2) ① 물속에 사는 동물, {상어, 고등어, 오징어, 새우, 멸치}
   ② 식물성 음식, {버섯, 고구마, 포도, 밤}
3) ① 음악과 관련된 것, {피아노, 바이올린, 첼로, 오페라}
   ② 미술과 관련된 것, {찰흙 공작, 조각, 서예}
   ③ 운동과 관련된 것, {야구, 축구, 레슬링, 높이뛰기, 배드민턴}

Ⅰ. 관찰과 분류

6. 집합의 원소 찾기

특정한 집단 구성원(집합의 원소)들의 공통된 특징을 찾아내고, 다른 것들로부터 그 집단 구성원을 구별해 내는 학습을 한다.

▷ 특정 집단의 구성원(집합의 원소)인지 아닌지 여부를 판단하는 과정은 일종의 '가설 검증'의 절차를 통해서 이루어진다. 학생들은 가설을 검증하는 절차를 익히게 되는데, 이 과정에서 긍정적인 사례 또는 부정적인 사례의 중요성을 깨닫게 될 것이다.

첫 번째 생각여행 64~67쪽

▷ 하나의 집합은 그것에 속한 원소들이 '공통적으로 가지고 있는 특징'에 의해서 정의된다. 따라서 어떤 사물이 한 집합의 원소인지 여부를 판단하는 방법은, 먼저 그 집합의 원소들이 가져야 할 중요한 특징이 무엇인지 알아내는 것이다.

1-1

1) ③

2)
▶ "다른 행성에서 온 외계인이 처음으로 인간을 보고 자기의 대장에게 보고한다고 가정해 보세요. 외계인은 인간이 갖고 있는 본질적 특징이 무엇인지 알아야 보고를 할 수 있을 것입니다. 외계인이 빨간색 셔츠를 입고 있는 한 학생을 보고 인간은 빨간색 셔츠를 입고 있다고 말한다면 옳을까요? 그렇지 않다면 그 이유는 무엇일까요?"

① 빨간 옷을 입는 사람이 있는 것은 사실이지만, 모든 사람들이 다 빨간 옷을 입는 것은 아니다. 따라서 '빨간 옷을 입음'은 인간의 공통된 특징이 아니다.

② 모든 인간은 두 눈을 갖고 있다. 이 문장은 얼핏 보기에 맞는 것처럼 보인다. 그러나 다른 많은 동물들도 두 눈을 갖고 있기 때문에 '두 눈을 가짐'은 인간만의 중요한 특징은 아니다.

③ 이 세상의 생물 중에서 오직 인간만이 언어를 사용할 수 있고 생각할 수 있다는 점에서, '말을 하고 생각을 함'은 인간이라는 집합의 공통된 특징이다.

▶ "한 집합의 본질적 특징은 그 집합의 모든 원소들이 공통적으로 갖고 있는 것이어야 합니다. 집합의 원소들 가운데 어느 하나만을 관찰하고 그것을 그 집합의 본질적 특징이라고 판단한다면 잘못을 저지를 위험이 큽니다."

1-2

▷ '레타'라는 이름은 임의로 붙인 이름일 뿐이다. 얼마든지 다른 이름을 붙일 수 있다.

▶ 첫 번째 그림에 대해서 질문한다.
"위의 그림은 레타입니다. 하나의 신발은 신발이라는 집합의 원소라고 할 수 있듯이, 이것은 레타라는 집합의 원소입니다. 이 레타의 특징을 말해 보세요. (안쪽에 작은 동그라미가 있다. 위쪽에 화살표가 있다. 바깥쪽은 네모이다. 빗금들이 그어져 있다.)"

▷ 하나의 레타만을 보고 레타의 본질적 특징을 말할 수 없다.

▶ 두 번째 그림에 대해서 질문한다.
"여기에 레타가 하나 더 있습니다. 앞의 레타와 비교하여 레타의 본질적 특징이 무엇인지 생각해 봅시다. 두 레타의 공통된 특징은 무엇인가요? (위쪽에 화살표가 있고 안쪽에 동그라미가 있으며 빗금들이 그어져 있다.)"

▶ 세 번째 그림에 대해서 질문한다.
"여기에 또 다른 레타가 있습니다. 앞의 두 레타와 비교하여 레타의 본질적 특징이 무엇인지 생각해 봅시다. 세 레타의 공통된 특징은 무엇인가요?"

▶ 네 번째 그림에 대해서 질문한다.
"이번에는 레타가 아닌 도형이 아래에 있습니다. 위의 레타들과 비교하여 레타의 특징이 무엇인지 말해 보세요. (위에 화살표가 있다. 빗금들이 그어져 있다.)"

▷ 처음 주어진 그림만으로는 레타를 정의할 수 없다. 제시된 레타에 관한 사례들을 비교해 봄으로써, 레타의 본질적인 특징이 무엇인지 알아내는 과정이 있어야 할 것이다.

다른 사례들을 검토해 나감에 따라서 레타의 특징으로 생각되던 것들이 하나둘 부정되고, 마지막 사례까지 모두 검토한 뒤에야 레타의 특징이 비로소 드러나게 된다.

1) ②

2) ① 레타이다/레타의 특징은 위쪽에 화살표가 있는 것이므로
② 레타가 아니다/레타의 특징인 화살표가 없으므로
③ 레타가 아니다/화살표는 있으나 위쪽이 아니므로

두 번째 생각여행 68~69쪽

2-1

▶ "먼저 첫 번째 그림과 두 번째 그림을 보고, 공통된 특징이 무엇인지 생각해 보세요. (다리가 둘이다.) 그러나 아직은 이것을 ◇◇◇의 본질적 특징이라고 확신할 수 없기 때문에 우리는 '다리가 둘'이라는 특징을 가설이라고 합니다. 우리는 이 가설이 옳을 것이라고 생각하지만 아직 확실하지는 않습니다. 다른 그림들을 더 살펴보아야 합니다. 세 번째 그림은 ◇◇◇가 아닙니다. 다리가 네 개이기 때문에 ◇◇◇가 아닌 것 같으므로, 우리가 앞에서 세운 가설이 옳은 것처럼 보이는군요. 다른 그림들을 더 살펴보고 ◇◇◇의 특징을 말하여 봅시다."

1) ① 다리가 두 개이다.
※ 청바지 바짓가랑이를 '다리'라고 할 수 있는가에 대해 생각해 본다.
② 어떤 이름이든지 가능할 것이다. 단 '다리가 두 개'라는 특징을 드러내 주는 것이라면 더 좋을 것이다. 예를 들어 '두 다리' 같은 이름을 붙일 수 있다.

2) ① ◇◇◇가 아니다 ② ◇◇◇이다 ③ ◇◇◇가 아니다

생각연습 70~81쪽

3-1
1) ① 날개를 갖고 있다.
   ② 다양한 이름이 가능하나 '날개를 갖고 있음'을 뜻하는 이름이라면 더 좋을 것이다. 예컨대 '나비뱀', '날개도마뱀' 같은 이름을 붙일 수 있다.
2) ① ○○○이 아니다 ② ○○○이 아니다 ③ ○○○이다

3-2
1) ① 안쪽에 작은 동그라미 세 개를 갖고 있다.
   ② 다양한 이름이 가능하나 '안쪽에 작은 동그라미 세 개를 갖고 있음'을 의미하는 이름이라면 좋을 것이다. 예컨대, '삼돌이'나 '원삼이' 같은 이름을 붙일 수 있다.
2) ① □□□이다 ② □□□이 아니다 ③ □□□이 아니다

3-3
1) 다리가 3쌍(6개)이다.

▷ 곤충은 다리가 3쌍, 날개가 2쌍, 몸이 머리/가슴/배의 3부분으로 나뉜다.

2) ① 곤충이다 ② 곤충이 아니다 ③ 곤충이다

3-4
1) 안테나를 갖고 있다.
2) ① 할 수 없다 ② 할 수 없다
   ③ 할 수 있다 ④ 할 수 없다

3-5
1) ① 초록색 부분이 사각형의 오른쪽 아래에 있다.
   ② '구석이' '초록색 모퉁이' 같은 다양한 이름을 붙일 수 있다.
2) ① 할 수 있다 ② 할 수 있다 ③ 할 수 없다

3-6
1) 식품이나 음료를 담는 데에 사용된다.
2) ① 할 수 없다 ② 할 수 없다 ③ 할 수 있다

Ⅱ. 순서 정하기

7. 여러 가지 변화의 규칙

우리가 살아가는 세계는 끊임없이 변하고 있다. 그러나 놀랍게도 우리를 혼란스럽게 하는 변화는 거의 없다. 여러 가지 사물들이 성장하고, 움직이고, 색깔이 변하지만 우리는 그것이 무엇인지 알고 있다. 여기서는 우리가 어떻게 변화를 알고 예측할 수 있는지, 또는 우리가 알 수 있는 형태로 변화가 일어날 수 있는지에 대한 공부를 하도록 구성되어 있다.

첫 번째 생각여행 84~87쪽

▷ '점진적 변화'(progressive change)는 어떤 것이 시간이 지나감에 따라 조금씩 계속해서 변하고 있으며, 처음의 상태로 돌아가지 않는 변화를 말한다.

▶ "우리가 경험하고 있는 사물들은 한 장소에서 다른 장소로 이동하기도 하고, 점점 커지거나 작아지기도 합니다. 우리 주변에 있는 모든 것들이 변하고 있기 때문에 그것들이 어떻게 변하는가를 알아내는 것은 매우 중요합니다."

1-1
1) ① 키 ② 몸무게 ③ 얼굴 모양 ④ 머리 모양

▶ "이런 것들은 시간이 지남에 따라서 조금씩 일어납니다. 여러분은 매일매일 조금씩 자라 왔습니다. 그 전의 상태로 돌아갈 수 있나요? 물론 아니지요. 여러분은 계속 자라면서 나이가 들어 갈 것입니다."

2) ① 강아지 ② 나무 ③ 내 동생 ④ 콩나물
3) ① 연필 ② 크레파스 ③ 촛불 ④ 지우개

▶ "어떤 것이 시간이 지남에 따라 조금씩 변하면서 처음의 상태로 돌아가지 않을 때, 그것을 점진적인 변화라고 합니다. 다음 그림을 잘 살펴보세요. 화살표가 점점 커지고 있지요.

풍선을 불어서 부풀릴 때도 점진적인 변화가 일어납니다."

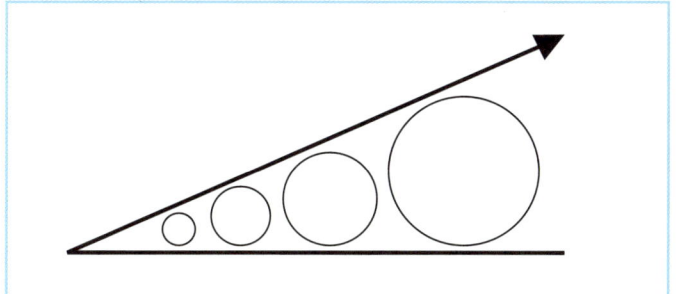

1-2
1) 타원이 점차 커지고 있다.
2) 다

1-3
1) 점차 오른쪽으로 기울어지고 있다.
2) 나

두 번째 생각여행 88~90쪽

▷ '교대적 변화'(alternating change)는 두 가지 종류의 변화가 교대로 이루어지는 변화이다.

▶ "변화에는 점진적인 변화만 있는 것이 아닙니다. 신호등이나 자동차 깜빡이를 생각해 보세요. 운전자가 방향을 바꾸려고 깜빡이를 켰을 때, 어떻게 작동하나요? 켜졌다 꺼졌다를 반복할 것입니다. 이 변화는 점진적인 변화와는 전혀 다른 변화입니다. 이런 변화를 교대적인 변화라고 합니다."

2-1
① 탁구공 또는 배구공이 네트 위를 왔다 갔다 하는 것
② 수영 선수가 물 위로 나왔다 물속으로 들어갔다를 반복하는 것
③ 네온사인의 불이 들어왔다 나갔다 반복하는 것
④ 낮과 밤이 바뀌는 것

2-2
1) 동그라미의 위치가 위와 아래를 왔다 갔다 한다. 이 경우에 크기의 변화는 관계가 없다.
2) 다

2-3
1) 두 개의 작은 도형과 하나의 큰 도형이 교대로 위치를 바꾼다.
2) 라

세 번째 생각여행 91~93쪽

▷ '순환적 변화'(cyclical change)는 점진적 변화가 계속되다가 처음의 상태로 돌아가는 변화를 말한다. 순환적 변화는 점진적인 연속성과 교대적인 연속성을 동시에 가지고 있다. 그것은 여러 단계를 통과하면서 점진적으로 움직이기 때문이다. 또한 순환적인 변화는 교대적인 변화와 같다고 할 수 있다. 왜냐하면 그 과정이 계속되어 결과적으로 원래의 위치로 되돌아가는 일이 되풀이되기 때문이다.

3-1
① 다람쥐가 쳇바퀴를 도는 것
② 자동차의 바퀴가 돌아가는 것
③ 물레방아가 돌아가는 것
④ 봄, 여름, 가을, 겨울이 바뀌는 것

3-2
▶ "네모 안에 있는 파란색 작은 네모가 어떻게 변화하고 있나요? (파란색 네모는 네 구석을 따라서 빙글빙글 돌고 있습니다.)"

"이것은 점진적 변화인가요, 교대적 변화인가요? 파란색 작은 네모는 점진적인 변화를 하는 것처럼 보입니다. 그러나 파란색 작은 네모는 변화를 하다가 이전의 위치로 다시 돌아옵니다. 이 점에서 보면, 교대적 변화와 비슷합니다. 이처럼 점진적인 변화와 교대적인 변화를 동시에 갖고 있는 변화의 형태를 순환적인 변화라고 말합니다."

1) 모서리의 파란색 네모의 위치가 시계 반대 방향으로 돌아간다.
2) 다

3-3
1) 파란색 반원이 시계 반대 방향으로 회전하고 있다.
2) 다

생각연습 94~97쪽

4-1
1) 나, 파장이 바깥으로 번지고 있다(점진적 변화).
2) 라, 사각형은 얇아지고 T자는 길어진다(점진적 변화).

4-2
1) 다, 모양은 달라도 위치가 위아래를 교대로 오고 간다(교대적 변화).
2) 나, 긴 것과 짧은 것이 위아래를 교대로 오고 간다(교대적 변화).

4-3
1) 가, 분홍색 부분이 시계 방향으로 회전한다(순환적 변화).
2) 나, 보라색 삼각형이 시계 반대 방향으로 순환한다(순환적 변화).

4-4
1) 나, 왼쪽 위 사각형은 점점 커지고 오른쪽 아래 사각형은 점점 작아진다(점진적 변화).
2) 다, 점이 하나씩 늘어나면서 시계 반대 방향으로 순환한다(순환적 변화).

Ⅱ. 순서 정하기

8. 변화의 규칙 찾아내기

점진적 변화, 교대적 변화, 순환적 변화를 찾아내고, 그 변화의 과정을 예측하는 연습을 한다.

첫 번째 생각여행 98~105쪽

▶ "변화의 규칙을 찾은 다음, 이어질 변화를 예측하는 공부를 해 봅시다."

1-1
▷ 교재 99페이지에 있는 '변화의 연속성을 찾는 방법'에 따라 변화의 연속성을 찾아보면 아래와 같다.
⟨단계 1⟩ 한 개의 수평선 위에 아령 모양의 수직 막대가 있다.
⟨단계 2⟩ 아령 모양의 수직 막대가 하나씩 더 있다.
⟨단계 3⟩ 아령 모양의 수직 막대와 수평선이 하나씩 추가되고 있다.
⟨단계 4⟩ 네 번째 네모 안에서도 수직 막대가 하나 더 추가되었다.
⟨단계 5⟩ '가'는 수직 막대만 있고 '나'는 수평선이 하나밖에 없으며 '라'는 수평선 대신 수직 막대가 하나 더 생겼다.
⟨단계 6⟩ 보기에 있는 그림 중에서 '다'에 수평선이 하나 더 추가되었다. 따라서 답은 '다'이다.

1-2
1) 세모는 점차 작아지고 동그라미는 커지고 있다. (점진적 변화)
2) 나

1-3
1) 도형의 위치가 왼쪽과 오른쪽으로 교대로 바뀌고 있다. (교대적 변화)
2) 가

1-4
1) 도형의 선분이 하나씩 줄어들고 있다. (점진적 변화)
2) 나

1-5
1) 동그라미 안의 보라색 별이 시계 반대 방향으로 돌고 있다. (순환적 변화)
2) 라

1-6
1) 도형이 시계 방향으로 90도씩 회전하고 있다. (순환적 변화)
2) 나

1-7
1) 주어진 도형이 시계 반대 방향으로 90도씩 회전하고 있다. (순환적 변화)
2) 나

생각연습 106~111쪽

2-1
1) 네모는 하나씩 줄어들고, 초록색 원과 노란색 막대는 하나씩 교대로 늘어난다. (점진적 변화와 교대적 변화가 결합된 형태)
2) 라

2-2
1) 첫 번째와 두 번째 도형이 교대로 나타나고 있다. (여러 개의 교대적 변화가 결합된 형태)
2) 다

2-3
1) 초록색 사각형은 시계 반대 방향으로 회전하고, 부채꼴과 작은 원은 시계 방향으로 회전한다. (여러 개의 순환적 변화가 결합된 형태)
2) 라

2-4
1) 위치는 가로와 세로로 교대로 바뀌고, 도형의 수는 하나씩 줄고 있다. (교대적 변화와 점진적 변화가 결합된 형태)
2) 나

2-5
1) 곡선은 시계 방향으로 점차 커지고, 직선은 점차 시계 반대 방향으로 커진다. (두 가지의 순환적 변화가 결합된 형태)
2) 다

2-6
1) 빨간색 작은 원은 시계 반대 방향으로 이동하고, 삼각형은 시계 방향으로 이동하며, 노란색 화살표는 위아래로 방향이 교대적으로 바뀐다.
2) 다

Ⅱ. 순서 정하기

9. 순서를 정할 수 있는 것과 없는 것

차원에 따라 사물들의 순서를 정하는 방법을 익히고, 순서를 정할 수 없는 차원에 대하여 배우게 된다.

▷ 순서를 정할 수 있다는 말은 차례대로 늘어놓을 수 있다는 것이다. 순서를 정할 수 있는 차원이 있다는 것은 또한 순서를 정할 수 없는 차원도 있다는 것을 암시한다.

첫 번째 생각여행 112~116쪽

1-1
▷ 앞에서 배웠던 '교대적 변화'에 해당하는 변화이고, 모양의 차원이다.
1) 삼각형
2) 규칙적인 변화를 한다.

1-2
1) 별다른 규칙 없이 놓여 있다.
2) 길이가 점차 짧아지고 있다.

▶ "이와 같이 나열하면 어떤 변화가 될까요? 점진적 변화, 교대적 변화, 순환적 변화 중 어느 것이라고 생각하나요?" (점진적 변화입니다.)

"이 도형들은 길이나 높이의 차원과 관련됩니다. 이 차원은 순서를 정할 수 있는 차원입니다. 그 이유는 무엇일까요? 높이는 누구나 인정할 수 있는 차원, 즉, 낮은 것, 보통인 것, 높은 것으로 쉽게 순서를 정할 수 있기 때문입니다."

3)

▶ "만일 116페이지의 〈그림 1〉처럼 마지막에 있는 짧은 직사각형을 맨 앞쪽으로 움직인다면 어떻게 될까요? 여전히 높이 차원에서 순서가 맞나요? 그 이유는 무엇인가요?"

"이번에는 두 번째 직사각형과 네 번째 직사각형을 〈그림 2〉처럼 아래와 같이 바꾸어 놓으면 어떻게 될까요? 어떤 변화의 규칙이 있나요?"

① 순서가 맞지 않는다.

▶ "어떻게 하면 순서가 바르게 될까요? (맨 앞에 있는 작은 직사각형을 맨 뒤로 보낸다.)"

② 순서가 맞지 않는다.

"어떻게 하면 순서가 맞을까요? (맨 앞의 것과 맨 뒤의 것을 서로 바꾸어 놓는다.)"

▷ 점진적인 변화는 순서를 바꾸기가 어렵다. 그러나 교대적인 변화는 순서를 바꾸어도 변화의 규칙이 지속될 수 있다.

두 번째 생각여행 117쪽

▷ 여기에서는, 순서대로 나열되어 있는 요소들을 서로 비교하여 말할 수 있는 방법을 익히게 된다.

'~는 ~보다 작다(크지 않다)' '~는 ~보다 크다(작지 않다)' 등의 표현을 사용하여 나타내어 보게 한다.

2-1

① 작다/크지 않다 ② 작다 ③ 작다 ④ 작다
⑤ 작다 ⑥ 작다 ⑦ 크다 ⑧ 크다

▶ "비교하여 말한 문장들의 공통점은 무엇인가요? ('~는 ~보다 작다(크다)'는 표현이 사용되었습니다.) 우리는 어떤 두 가지 특성들 간의 차이를 '~보다' 또는 '~보다 더' 등의 말로 설명할 수 있습니다. 어떤 배열이 순서를 정할 수 있는 차원을 포함하고 있는지 알아보려고 할 때, 이런 말들을 사용해 보면 알 수가 있습니다. 어떤 차원에서 나열된 것들의 특징을 '더 ~하다' 또는 '더 ~하지 않다'라는 말로 비교할 수 있다면, 순서를 정할 수 있는 차원이라고 말할 수 있습니다."

생각연습 118~119쪽

3-1

1) 색깔의 차원에서 서로 다르다.

2) 순서를 정할 수 없다. '더 ~하다(하지 않다)'는 말로 비교하기 힘들기 때문이다.

▶ "책상 위에 늘어놓은 원들은 '더 ~하다'나 '더 ~하지 않다'라는 말로 그 특징을 비교할 수 없습니다. 따라서 우리는 사물들을 비교할 때 순서를 정할 수 있는 차원을 항상 발견할 수 있는 것은 아니라는 점을 알았습니다."

▷ 이 경우는 점진적, 교대적, 순환적 변화, 어느 것에도 해당하지 않는다. 특정한 사물들의 집단이 순서를 정할 수 있는 차원에 따라서 배열될 수 있는지 여부는 '더 ~하다'라든지 '더 ~하지 않다' 등의 말로 비교할 수 있는 특징을 찾을 수 있는가에 달려 있다.

3) ① 나라 이름(미국, 영국, 독일, 일본…)
   ② 과목 이름(읽기, 수학, 즐거운 생활, 바른 생활…)
   ③ 학용품 이름(연필, 공책, 필통, 지우개…)

3-2

1) 같은 색깔에 속하지만 진하기가 조금씩 다르다.

2) 정할 수 있다. 흐린 색부터 점점 진한 것의 순서로 늘어놓거나, 진한 색부터 점점 흐린 것의 순서로 늘어놓을 수 있다.

3) ① 길이(1미터, 2미터, 3미터…)
   ② 무게(5그램, 6그램, 7그램…)
   ③ 기온(영하 1도, 영상 1도, 영상 3도…)

Ⅱ. 순서 정하기

10. 순서 정하기와 기억하기

여기서는 순서를 정할 수 있는 차원을 이용하는 방법에 대해서 공부하게 된다. 이 과정을 통해서 순서 정하기와 기억 가능성, 또는 순서 정하기와 정보 해석 가능성 사이의 관계를 깨닫게 될 것이다.

▶ "우리는 앞에서 순서를 정할 수 있는 것과 순서를 정할 수 없는 것을 구별하는 공부를 했습니다. 오늘은 순서를 정할 수 있는 차원을 이용하는 방법을 공부하게 됩니다. 예를 들어, 우리가 도시 이름을 외운다고 할 때, 서울에서 가까운 것부터 순서대로 외우면 더 쉽게 외울 수가 있습니다. 우리는 이와 같은 방법으로 정보들을 순서대로 나열함으로써 그 정보들을 쉽게 기억하고 이해할 수 있는 것입니다."

첫 번째 생각여행 120~121쪽

1-1
▶ "사물들의 집합에서 순서를 정할 수 있는 차원이 있는지 없는지 판단하려고 할 때 중요한 말은 무엇이었나요?"
▷ 순서를 정할 수 있는 차원은 "더 ~하다"라든지, "더 ~하지 않다" 같은 표현이 가능하다.

1) 순서를 정할 수 있다. 더 길다, 더 짧다는 표현이 가능하다.
2) 순서를 정할 수 있다. 더 가볍다, 더 무겁다는 표현이 가능하다.
3) 순서를 정할 수 없다. "더 ~하다"는 표현이 가능하지 않다.
4) 순서를 정할 수 없다.
5) 순서를 정할 수 있다. 더 빠르다, 더 느리다는 표현이 가능하다.
6) 순서를 정하기 힘들다. 그러나 생각하기에 따라서는 순서를 정하는 일이 아주 불가능한 것은 아니다. 예컨대, 인구가 많은가 적은가에 따라서, 또는 경제력이나 군사력이 강한가 약한가에 따라서 순서를 정할 수도 있다.
7) 순서를 정할 수 있다. 더 춥다, 더 따뜻하다는 표현이 가능하다.
8) 순서를 정하기 힘들다. 그러나 생각하기에 따라서는 순서를 정하는 일이 가능하다. 예컨대, 아이들이 좋아하는 순위, 또는 주당 수업 시간 수 등에 의해서 순서를 정할 수도 있다.
9) 순서를 정하기가 힘들다.
10) 순서를 정할 수 있다. 음이 더 높다 또는 음이 더 낮다는 표현이 가능하다.

※ 위와 다른 대답이 나올 수 있으며, 이유가 적절하면 답으로 인정한다.

두 번째 생각여행 121쪽

2-1
▶ "이제부터는 순서를 정하는 일이 얼마나 유용하고 재미있는 방법인지 알아보려고 합니다. 미리 말하자면, 순서를 정하는 일은 기억하는 데에 매우 효과적입니다."

1) 이 순서는 특정한 규칙이 없기 때문에 기억하기가 쉽지 않다.

▶ "어때요? 기억하기가 쉬웠나요? 아마 쉽지 않았을 것입니다. 이번에는 같은 글자들을 다르게 적어 보았습니다."

2) 이 순서는 우리가 익히 알고 있는 계이름 순서대로 되어 있기 때문에 외우기가 쉬울 것이다.
3) 두 번째 경우이다.
4) 계이름 순서대로 되어 있기 때문이다.

▶ "여기에서 우리는 아주 중요한 것을 알아냈습니다. 사물들의 목록은 어떤 구조나 순서가 있을 때 더 기억하기가 쉽다는 점입니다. 그렇기 때문에 순서를 적용하는 일은 매우 가치가 있는 일이지요. 이름들을 기억해야 할 때, 가나다 순서로 써 보세요. 또 날짜나 숫자를 기억해야 할 때 숫자 순서로 나열해 보세요. 훨씬 기억하기가 쉬울 것입니다."

▷ 여기에서는 순서를 정하는 것이 주어진 정보를 해석하고 이해하는 데 큰 도움이 된다는 것을 깨닫게 해 주어야 한다.

세 번째 생각여행 122~123쪽

3-1
1) 5억
2) 11억

▶ "세계의 인구는 어떻게 변화하였나요? 점점 많아졌나요? 적어진 때도 있었나요? 이 표를 가지고는 말하기가 어렵나요? 왜 그럴까요? 다음 표를 보며 생각해 보세요."

3-2
1) 이 표는 연도 순서대로 되어 있다.
2) 21억
3) 점차 늘어나고 있다.

▶ "이제 우리는 연도에 따라 순서를 정해야 하는 두 가지 좋은 이유를 알았습니다. 첫 번째 이유는 순서를 정하면 특별한 정보를 찾기가 쉽다는 것이고, 둘째 이유는 인구가 연도별로 변화한 모양을 알아보는 일이 쉬워진다는 것입니다. 연도가 순서대로 되어 있으니 인구가 계속해서 증가하는 것을 쉽게 알 수 있습니다. 그러면 이번에는 좀 더 어려운 질문을 하나 할까요? 세계의 인구는 일정한 비율로 증가하나요, 아니면 그보다 더 빨리 증가하나요? 이 표만 가지고는 찾기가 어렵지요? 그러나 좀 더 쉽게 알 수 있는 방법이 있습니다. 어떤 방법인지 생각해 보세요."

생각연습 124~125쪽

4-1

1)

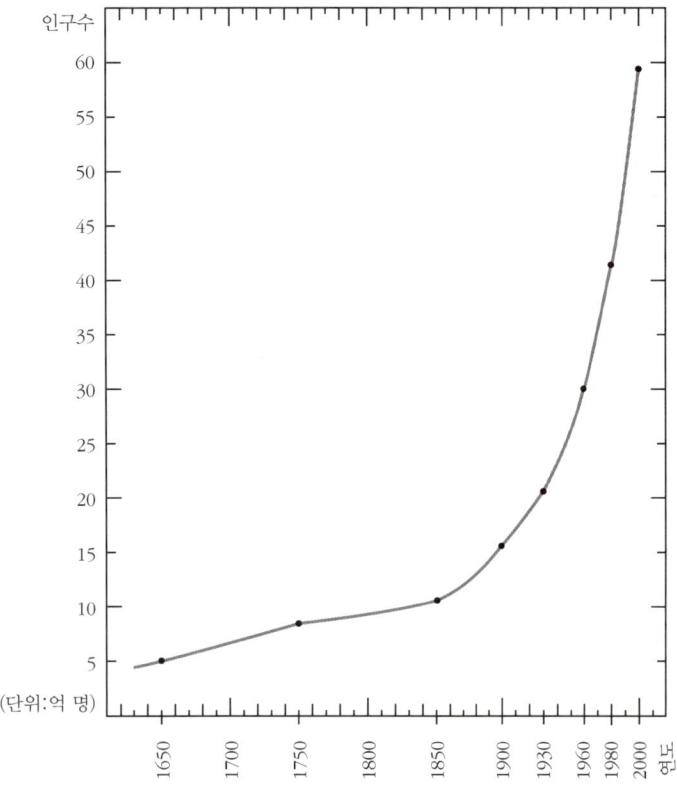

2) 1900년대
3) 5억보다는 많았지만 7억보다는 적었을 것이다.
3) 9~10억 정도

▶ "여기에서 배운 것을 정리해 볼까요? 우리는 순서대로 표를 만들어서 특별한 연도를 쉽게 찾을 수 있었습니다. 그리고 인구가 항상 증가하고 있다는 것도 알 수 있었습니다. 또 시각적인 그래프를 만들어서 인구가 증가하는 비율이나 모양을 좀 더 쉽게 알 수 있었습니다. 그뿐만 아니라, 그래프는 표에 나타나 있지 않은 해의 인구도 쉽게 알 수 있도록 해 주었습니다."

II. 순서 정하기

11. 관점에 따라 달라지는 순서

관점이나 차원이 달라지면 순서도 달라진다는 점을 학습하게 된다.

▶ "사물들의 순서를 정하는 방법은 종종 관점에 따라서 다릅니다. 예를 들어서, 닭은 새이기 때문에 오리와 같다고 할 수 있지만, 또한 닭은 알을 낳으니까 거북과 같다고도 할 수 있습니다. 그리고 닭은 털이 있기 때문에 털모자와 같다고도 할 수 있을지 모릅니다. 닭은 방울새에 비하면 크지만, 타조에 비하면 아주 작습니다. 이것은 모두 생각하는 차원이나 관점에 따라서 달라진다는 점을 잘 보여 줍니다."

첫 번째 생각여행 126~128쪽

▶ "이제 우리는 순서를 정할 수 있는 차원들을 분류할 때 일어나는 약간의 문제점들을 검토해 보려고 합니다."

1-1

1) ① {(4), 5, 6, 7} ② {1, 2, 3, (4)}

▷ 엄격하게 따지면, 기준이 없기 때문에 길이가 길고 짧음을 구분할 수 없다.

▶ "여기서 문제가 생겼지요? 두 집합 모두 4번을 포함하고 있으니 말이에요. 이 막대들을 긴 것과 짧은 것의 두 집합으로 분류해야 한다면 4번 막대가 어느 집합에 속하는지 결정해야 합니다. 4번 막대에 대해서 달리 말할 수 있나요? (중간에 속한다고 말할 수 있습니다.)"

2) 답 생략

▷ 이 문제 역시 기준이 없기 때문에 해결할 수 없다.

▶ "4번을 중간이라고 하면, 3번과 5번은 중간이 될 수 없나요? 그리고 이번에는 2번과 6번은 어떨까요?"

3) 하나의 집합이 어디서 시작하고 어디서 끝나는지 알 수 없고, 서로 다른 집합을 구분하는 기준이 모호하기 때문에 문제를 해결하기 어렵다.

1-2

1) '중간'에 해당한다.

▶ "여기에서 우리는 순서를 정할 수 있는 차원을 분류하는 것과 관련해서 중요한 것을 알았습니다. 첫째, 순서를 정하여 분류하기 위해서는, 하나의 집합이 어디에서 시작하고 어디에서 끝나는지가 분명해야 한다는 점입니다."

▷ 이런 식으로 어떤 것들을 비교해서 설명하는 것을 '관계적 설명'이라고 한다. 이것은 막대들 가운데 하나가 긴 것인지 짧은 것인지 결정하기 위해서는 그것을 다른 것에 관계시키거나 비교함으로써만 결정할 수 있다는 것을 의미한다.

2) '짧다'에 해당한다.

▶ "어때요? 다시 혼란스러워지지 않나요? 처음에 우리는 이 막대들 중에서 어떤 것은 긴 것이라고 하고, 다른 것은 짧은 것이라고 했습니다. 그리고 나서 그 막대들을 모두 중간이라고 했습니다. 이제는 그 막대들을 짧다고 했습니다. 왜 이런 혼란이 일어나는 것일까요?"

3) '길다'에 해당한다.

4) 1~7번 막대들과 비교되는 막대들의 크기가 달라졌기 때문이다.

▶ "이런 일들이 순서를 정할 수 있는 차원과 관련해서 자주 일어납니다. 누군가가 '이것은 길다'고 말할 때, 무엇에 비교해서 길다는 뜻일까요? 또는 '이것은 무겁다'고 말할 때, 무엇에 비교해서 무겁다는 뜻일까요?"

두 번째 생각여행 129쪽

2-1

▷ 다음의 문제들은 관계적 수수께끼 문제들이다. 이 문제들을 관계적 수수께끼라고 하는 것은 정답의 실마리가 그것들을 다른 것들과 비교하거나 관련시키는 데에 있기 때문이다.

1) ③

2) ④

3) ④

4) ③

5) ③

세 번째 생각여행 130~131쪽

3-1

1) 대답할 수 없음

2) 어느 것에 비교해야 할지 모르기 때문이다.

▶ "우리는 가끔 어느 것과 비교할 것인가 말하지 않고 순서를 정할 수 있는 차원에 대해서 말하기도 하고, 그런데도 그 의미를 잘 이해하기도 합니다. 예들 들어, 여러분의 반에서 키가 제일 큰 친구의 이름을 생각해 보세요. 그 친구의 이름이 영수라고 합시다. 반 친구들은 모두 그 친구가 키가 크다고 생각하나요? 그렇게 생각할 때, 반 친구들은 모두 '영수는 키가 크다'라는 말을 하고 그 말뜻을 충분히 이해합니다. 그러나 영수의 키가 사무실이나 빌딩과 비교했을 때 크다는 의미인가요? 물론 아니지요. 그러면 영수는 누구와 비교했을 때 키가 크다는 것인가요? (반 친구들과 비교했을 때입니다.) 여기에서 중요한 점은 사람들은 비교하는 것이 분명할 때, 그 비교하는 것을 말하지 않는다는 것입니다."

3-2

1) ③

2) ②

3) ①

4) ②

생각연습 132~133쪽

4-1

1) 무엇보다 편리하고 빠르게 지울 수 있는지 밝히고 있지 않다.

▶ "이 광고는 무엇에 비교해서 신속하고 사용하기 편리하다고 했나요? 아무것도 비교할 만한 것을 밝히고 있지 않습니다. 만일 그것이 정말 다른 페인트 제거기보다 빠르고 편리하다면, 그 제품 제조 회사는 아마 그렇다고 말했을 것입니다."

2) 몇 명에게 질문을 했는지 밝히고 있지 않다.

3) 단백질과 비타민이 어느 정도 포함되어 있는지 말하고 있지 않다.
4) 시간이 얼마나 남아 있는지 말하고 있지 않다.
5) 어떤 점에서 효과가 좋은지 밝히고 있지 않다.
6) 어떤 것에 비해서 가장 속도가 빠른지, 충격에 가장 강한지가 나타나 있지 않다.
7) 어느 지역, 어떤 사람들의 절반 이상이 사용하는지가 나타나 있지 않다.

▶ "순서를 정할 수 있는 차원들은 다른 차원들이 갖지 못하는 독특한 특징을 갖고 있다는 점을 잊지 마세요. 순서를 정할 수 있는 차원과 관련된 것을 설명할 때, 얼마나 작은지, 얼마나 큰지, 혹은 얼마나 무거운지를 설명하지 못한다면 아무런 의미도 없는 설명이 되고 말 것입니다."

종합연습
136~139쪽

1
1) 자동차는 교통수단이다.
2) 자동차는 바퀴를 가지고 있다/자동차는 엔진을 가지고 있다.
3) 자동차는 도로를 달린다/자동차는 사람들을 편안하게 태워다 준다.

▷ 이외에도 다양한 답이 가능하다. '자동차는 기계이다/자동차는 트렁크를 가지고 있다/자동차는 기름을 넣어 주어야 달릴 수 있다' 등.

2

차원	가	나
개수	5개	4개
색깔	빨간색	파란색
위치	왼쪽	가운데

3
1) 초록색, 연두색
2) 야구방망이, 지팡이

4
1) 나무로 만들었다
2) 빨갛다

5
1) 마라톤

2) 연탄

6
1) 가
2) 가
3) 나

7
1)

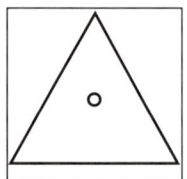

2) 어떤 도형이든 오른쪽에 그리면 됩니다.

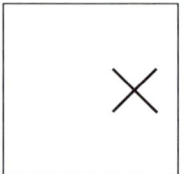 또는

3)

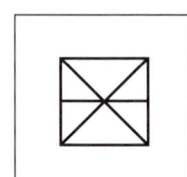 또는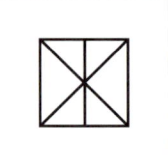

※ 이외에도 여러 답이 가능하다.

1단계 평가문제
140~150쪽

1

알고 있는 것	알 수 있는 방법
피자의 맛	혀로 맛을 보고서
담배 냄새	코로 냄새를 맡고서
오리가 우는 소리	귀로 듣고서
장미꽃의 빨간색	눈으로 보고서
고무공의 물렁물렁한 느낌	손으로 만져 보고서

2

알아 낸 것	간접 관찰 방법
어느 유명한 야구 선수(투수)의 방어율	텔레비전이나 신문, 뉴스를 보고/ 친구의 말을 듣고
엄마는 서울초등학교를 졸업하셨다	부모님의 말을 듣고/ 엄마의 졸업 앨범을 보고
일본의 수도는 동경이다	선생님이나 다른 사람이 가르쳐 주어서/ 책을 보고서

3
1) 동물
2) 곤충
3) 다리
4) 날개
5) 머리
6) 날아다닌다
7) 알

4
1) ×
2) ×
3) ○
4) ○
5) ○
6) 말을 하지 못한다/새를 쫓기 위해 만들었다/짚을 엮은 것에 옷을 입힌 것이다

5
1) 감자, 귤
2) 강아지, 호랑이
3) 강아지, 쥐
4) 양말, 장갑
5) 1,000원 · 2,000원

6
1) 둥글게 생겼다/먹을 수 있다/껍질이 있다
2) 사람이 탈 수 있다/바퀴가 달렸다/손잡이가 있다

7

차원	비슷한 식물
키	향나무, 해바라기
꽃 모양	해바라기, 민들레
사는 기간	해바라기, 민들레

8
1) 사람이 타고 달릴 수 있다
2) 기름을 넣어야 달릴 수 있다
3) 운전대가 있다
4) 문이 있다
5) 의자가 있다

9
다

10
다

11
다

12
나

13
②

14
1) {귤, 야구공, 배, 사과, 구슬}
2) {핫도그, 젓가락}
3) {핫도그, 귤, 배, 사과}
4) {야구공, 구슬, 젓가락}

15
1) 반으로 접었을 때 합쳐진다/좌우 모양이 똑같다
2) ④

16
나

17
다

18
나, 길쭉한 것과 짧은 것의 위치가 바뀌고 있다.

19
라, 점의 수가 절반씩 줄어들고 있다.

20
다, 세 점의 위치가 시계 방향으로 순환하고 있다.

21
1) ①, ②, ⑥
2) ③, ④, ⑤

22
1) ④
2) ③

23
1) 시골/농촌
2) 자동차, 배 등(다른 교통수단)

24
1) 까치
2) 가축(사람이 기르는 동물)

25
1) 생물과 무생물(생명이 있는 것과 생명이 없는 것)
2) 집합 1={송아지, 은행나무, 고래, 닭, 지렁이}
   집합 2={인형, 돌멩이, 로봇, 비, 책상}